居民代际收入流动影响消费的
传导路径及效应研究

邵瑛瑛　著

中国财经出版传媒集团

经济科学出版社
Economic Science Press

图书在版编目（CIP）数据

居民代际收入流动影响消费的传导路径及效应研究/
邵瑛瑛著 . -- 北京：经济科学出版社，2022.10
ISBN 978 - 7 - 5218 - 4069 - 8

Ⅰ.①居…　Ⅱ.①邵…　Ⅲ.①国民收入分配 - 影响 -
居民消费 - 研究 - 中国　Ⅳ.①F126.1

中国版本图书馆 CIP 数据核字（2022）第 182303 号

责任编辑：宋　涛
责任校对：王肖楠
责任印制：范　艳

居民代际收入流动影响消费的传导路径及效应研究

邵瑛瑛　著

经济科学出版社出版、发行　新华书店经销
社址：北京市海淀区阜成路甲 28 号　邮编：100142
总编部电话：010 - 88191217　发行部电话：010 - 88191522
网址：www. esp. com. cn
电子邮箱：esp@ esp. com. cn
天猫网店：经济科学出版社旗舰店
网址：http://jjkxcbs. tmall. com
北京季蜂印刷有限公司印装
710 × 1000　16 开　10. 75 印张　180000 字
2022 年 11 月第 1 版　2022 年 11 月第 1 次印刷
ISBN 978 - 7 - 5218 - 4069 - 8　定价：43. 00 元
（图书出现印装问题，本社负责调换。电话：010 - 88191510）
（版权所有　侵权必究　打击盗版　举报热线：010 - 88191661
QQ：2242791300　营销中心电话：010 - 88191537
电子邮箱：dbts@ esp. com. cn）

前　　言

　　改革开放 40 多年以来，我国结合自身国情实行社会主义市场经济体制，激发经济和社会活力，创造了经济增长的中国奇迹。消费作为最终需求，既是生产的最终目的和动力，也是人民对美好生活向往的直接体现。随着我国经济结构转型，消费在国民经济中的重要性日益凸显，增强消费尤其是居民消费对经济发展的基础性作用，成为畅通国内大循环、促进经济高质量发展的关键所在。虽然从绝对量来看，我国的最终消费及居民消费规模逐年攀升，但现实中我国居民消费潜力释放并不充分，消费相对不足、消费率偏低的问题仍然突出。

　　分析中国居民的消费现状，诊断其消费率偏低的根源，除了要依循消费理论中的一般规律之外，还要结合中国居民的具体实际。不同于西方的独立人格观念，受我国传统思想文化的影响，中国民众更注重对"大家庭"整体福利水平的考量。伴随国民经济的持续快速发展，我国居民收入水平不断提升，人均寿命也逐渐延长，居民在经济上的代际间"亲密联系"也日益明显，这种"亲密联系"又必然会对不同代际的居民消费带来影响。因此，"代际收入流动"成为分析居民消费，尤其是中国居民消费的一个不可忽视的因素。

　　本书依循时期逻辑回顾了现代消费理论的发展演进过程，并对代际收入流动的相关理论和经验研究进行梳理，结合我国代际收入流动和居民消费的基本事实，试图回答以下两个问题：代际收入流动主要通过哪些途径对居民消费产生影响？在各传导途径中，代际收入流动的作用效果如何，其作用效果在不同群体和地区间有何差异？

　　本书丰富拓展了世代交叠模型，构建包含代际收入流动，将个人生命分为青年、中年和老年的三期世代交叠模型，居民收入涵盖代际财富转移收入和自身劳动收入，且居民自身劳动收入受父母对其进行的教

1

育、职业等方面"投资"的影响。基于代际收入流动对各期消费函数和预算约束的调整，计算模型均衡解，探寻代际收入流动与边际消费倾向、发展享受型消费支出占比等消费升级关键变量之间的关系。此外，本书还利用弹性原理和预算线——无差异曲线工具，探讨代际财富转移和父代对子代的教育投入对子代居民的消费差距和消费结构的作用。从消费差距、消费倾向和消费结构三个方面，分析代际收入流动影响我国居民消费的传导路径。

本书主要采用中国家庭追踪调查数据（CFPS），通过家庭编码和个人编码完成子代和父代数据的代际连接整理，利用代际收入弹性、代际收入秩关联系数、惯性率、平均阶差、边际消费倾向、基尼系数等指标，测算我国居民的代际收入流动、收入差距和消费情况。同时，构建实证模型，使用相关数据和指标对理论模型的分析假设进行检验，考察代际收入流动对消费差距、消费倾向、消费结构的影响。书中还运用中介效应分析和夏普利值回归分解法，对各传导路径进行机制检验，并分析代际收入流动对居民基尼系数、消费倾向和消费结构的相对重要性。另外，对可能存在的由于代际收入流动方向、地区等因素所导致的差异性进行分析，结合中国当前消费转型升级的重要任务，对代际收入流动对消费的影响进行判断预测。

本书从"消费差距""消费倾向""消费结构"三个方面系统阐述了代际收入流动影响居民消费的传导路径及效应，得出以下主要结论：

第一，代际收入弹性对居民的基尼系数有显著正向作用，这一结果也可以解读为，提高代际收入流动水平有助于缩小居民消费差距。夏普利值分解结果显示，对于居民收入差距的形成，代际因素的贡献约占28%。同时，代际收入流动水平对居民消费差距的影响存在显著的差异性，提高居民代际收入流动水平，对缩小阶层相对固定群体和城镇居民的消费差距会产生更明显的作用。

第二，代际收入流动对父代和子代居民消费倾向的作用存在明显差异。提高代际收入流动水平，会降低父代居民的消费倾向，但却会提高子代居民的消费倾向。代际收入流动水平对居民消费倾向的影响也存在显著的群体和地区差异性，提高居民代际收入流动水平，对代际收入向上流动群体和城镇居民的消费倾向会产生更强的作用。

第三，提高代际收入流动水平会对居民消费升级产生抑制作用。代际收入流动水平对父代和子代发展享受型消费支出占比均有显著的负向作用，且对子代消费结构的影响程度更大，其对居民消费结构的影响同样存在明显的差异性。

结合以上研究，本书提出相应的政策建议。充分利用互联网平台和数字信息技术，从基础教育、高等教育、职业教育等不同层面引导优质教育资源的免费供应，提高教育的公共物品属性，构建开放的教育体系，以缩小地区间、城乡间教育供给水平的差距，减轻居民尤其是农村居民和中低收入群体的教育支出负担，缓解教育支出对家庭其他消费挤出效应；完善遗产税、赠予税的税制建设，并以"税收激励"推进国民收入三次分配，缩小财富存量导致的收入差距代际传递，拓宽地方财政收入渠道，增强国民收入再分配和三次分配对居民收入差距的调节能力；健全全民社会保障机制，减轻居民的代际扶持压力，充分发挥政府和市场的作用，提升医疗、养老等服务供给数量和供给质量的同时，扩大基本医疗、养老保险的覆盖面，以削弱代际扶持压力对居民消费产生抑制作用。

笔　者

2022.9

目　　录

第 1 章　导论 ………………………………………………………… 1

　　1.1　研究背景和意义 ……………………………………………… 1

　　1.2　研究思路与研究内容 ………………………………………… 5

　　1.3　研究方法 ……………………………………………………… 9

　　1.4　创新点 ………………………………………………………… 10

第 2 章　文献综述 …………………………………………………… 11

　　2.1　消费理论发展的时期逻辑：从代内到代际 ………………… 12

　　2.2　代际消费问题的研究关键：代际收入流动 ………………… 16

　　2.3　代际收入流动与居民消费 …………………………………… 19

　　2.4　对我国居民消费相对不足的解释 …………………………… 21

　　2.5　已有研究评述 ………………………………………………… 23

　　2.6　本章小结 ……………………………………………………… 25

第 3 章　理论基础及概念界定 ……………………………………… 26

　　3.1　理论基础 ……………………………………………………… 26

　　3.2　相关概念 ……………………………………………………… 32

　　3.3　本章小结 ……………………………………………………… 35

第 4 章　中国居民消费和代际收入流动现状 …………………… 36

　　4.1　中国居民消费现状 …………………………………………… 37

　　4.2　中国居民代际收入流动现状 ………………………………… 46

　　4.3　本章小结 ……………………………………………………… 58

第 5 章　代际收入流动对居民消费差距的影响 ·········· 60

　5.1　理论分析与研究假设 ························· 60

　5.2　实证模型及数据来源 ························· 65

　5.3　实证结果 ······························ 70

　5.4　代际收入流动对居民消费差距影响的差异性分析 ······· 79

　5.5　本章小结 ······························ 86

第 6 章　代际收入流动对居民消费倾向的影响 ·········· 89

　6.1　理论模型与研究假设 ························· 90

　6.2　实证模型与变量说明 ························· 95

　6.3　实证结果 ······························ 97

　6.4　代际收入流动对居民消费倾向影响的差异性分析 ······· 108

　6.5　本章小结 ······························ 116

第 7 章　代际收入流动对居民消费结构的影响 ·········· 118

　7.1　理论分析与研究假设 ························· 119

　7.2　实证模型与变量说明 ························· 122

　7.3　实证结果 ······························ 125

　7.4　代际收入流动对居民消费结构影响的差异性分析 ······· 135

　7.5　本章小结 ······························ 143

第 8 章　主要结论及政策建议 ················· 145

　8.1　主要研究结论 ··························· 145

　8.2　政策建议 ······························ 148

　8.3　不足之处 ······························ 150

　8.4　研究展望 ······························ 151

参考文献 ································ 152

第1章

导　　论

1.1　研究背景和意义

1.1.1　研究背景

改革开放 40 多年以来，我国结合自身国情实行社会主义市场经济体制，激发经济和社会活力，创造了经济增长的中国奇迹。作为拉动经济增长的"三驾马车"，消费、投资和净出口始终备受人们关注，而在经济增长和经济发展的过程中，三者的作用与地位也在悄然变化着。随着我国经济结构转型，消费在国民经济中的重要性日益凸显，对国民经济的拉动引领作用也不断增强。2014 年，我国最终消费总量为 338031.2 亿元，2020 年达到 560811.1 亿元，其中居民消费从 2014 年的 236238.5 亿元增至 2020 年的 387185.8 亿元。2014 ~ 2019 年，最终消费对经济增长的贡献率连续 6 年超过投资，成为拉动经济增长的第一动力①。消费者作为经济系统运行的终极决定者，其偏好和选择可以引领社会资源配

---

① 资料来源：国家统计局官网，http：//data. stats. gov. cn。2020 年，新冠肺炎疫情对企业生产和居民生活带来了极大冲击，2020 年最终消费对经济增长的贡献率为 − 6.8％。

1

置，决定经济系统的运行方向；消费作为最终需求，既是生产的最终目的和动力，也是人民对美好生活向往的直接体现。增强消费尤其是居民消费对经济发展的基础性作用，成为畅通国内大循环、促进经济高质量发展的关键所在。

虽然从绝对量来看，我国的最终消费及居民消费规模逐年攀升，但现实中我国居民消费潜力释放并不充分，消费相对不足、消费率偏低的问题仍然突出。消费贡献率的上升，一方面是消费总量稳定增长的结果；另一方面也与投资和出口相对增长较慢或下滑有关，因此消费贡献率的上升并不绝对意味着我国居民消费水平的大幅度提升。相反，从总体上来看，我国居民的消费率①水平长期以来一直偏低，特别是 2000 ~ 2010 年更是从 47.0% 持续下滑至 34.6%，2011 年后虽有所回升但仍处于相对低位（见图 1 - 1），2019 年我国居民消费率为 39.1%，2020 年在新冠肺炎疫情影响下降至 37.7%。我国的居民消费率水平不仅远低于同期发达国家，即使与经济发展处于相似阶段的国家和地区相比也明显偏低。从图 1 - 2 中可以看出，2019 年与 2020 年，金砖五国中，巴西、俄罗斯、印度和南非四个国家的居民消费率明显高于我国，其中南非、巴西、印度的居民消费率更是高出我国 20 个百分点以上。经济增长背后隐含的消费不足问题将会制约我国经济结构的调整和国民经济的循环发展。

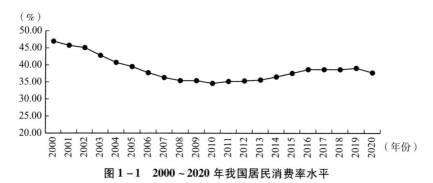

图 1 - 1   2000 ~ 2020 年我国居民消费率水平

资料来源：由国家统计局官网数据计算而得，http：//data. stats. gov. cn。

———————————

① 居民消费率 = 居民消费支出/GDP。

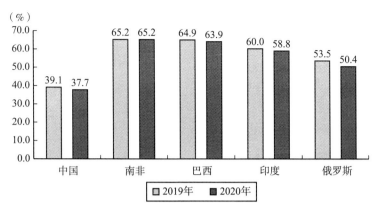

图1-2　2019年、2020年金砖国家居民消费率比较

资料来源：由世界银行官网数据核算，数据以2010年不变价美元单位计算得出。

2020年新冠肺炎疫情爆发后，全球经济深度衰退，国际关系敏感多变，消费需求的增长面临新的挑战。2020年3月国家发改委等多部门联合印发《关于促进消费扩容提质加快形成强大国内市场的实施意见》，提出要"持续提升居民消费能力"；2020年10月党的十九届五中全会公报、2021年3月《国民经济和社会发展第十四个五年规划和2035年远景目标纲要》中均强调要"坚持扩大内需""全面促进消费，增强消费对经济发展的基础性作用"；2021年12月中央经济工作会议中进一步指出，"我国经济发展面临需求收缩、供给冲击、预期转弱三重压力"，要"打通生产、分配、流通、消费各环节"；2022年多地在《政府工作报告》中将"促消费"作为未来工作重点，并推出多项促进消费增长的政策。释放居民消费潜力、畅通消费堵点，构建国内大循环为主体、国内国际双循环相互促进的新发展格局，成为新发展阶段我国经济改革的重要选择，也是后疫情时期学者们和决策部门共同关注的重大问题。

分析中国居民的消费现状，诊断其消费率偏低的根源，除了要依循消费理论中的一般规律之外，还要结合中国居民的具体实际。伴随国民经济的持续快速发展，我国居民收入水平不断提升，人均寿命逐渐延长，居民收入的代际间传递现象也日益明显。在我国传统思想文化的熏陶和影响下，人们观念里普遍存在着浓厚的家庭伦理和血缘亲情元素。不同于西方的独立人格观念，中国民众更注重对"大家庭"整体福利水平的考量。在 20 世纪 70 年代计划生育政策实施之前，这种"大家庭"主要表现为家族的横向与纵向同步延伸；但计划生育政策实施之后，"大家庭"的纵向延伸表现更为突出，中国家庭通过赡养老人、子女教育投入、房产与货币赠予等途径在经济上表现出极强的代际间"亲密联系"，这种"亲密联系"又必然会对不同代际的居民消费带来影响。因此，"代际收入流动"成为分析居民消费，尤其是中国居民消费的一个不可忽视的因素。

综上所述，在我国现有的社会保障体系下，在人口老龄化、少子化的背景下，经济主体通过各种形式实现的代际收入流动，会影响居民个人及其家庭消费。也就是说，在收入约束下，居民消费水平和消费行为与代际收入流动程度密切相关。代际收入流动通过哪些路径对居民消费带来影响？其影响程度究竟有多大？厘清其中的关系和效应，将有助于我们更好地分析认识中国居民消费特征，为解决居民消费相对不足问题拓宽思路。

1.1.2 研究意义

消费问题一直是经济学的研究热点之一。国内外学术界对影响消费的因素及其模型化描述方法已经进行了深入分析，对消费者个体选择行为和消费需求总量变化特征也展开多维度讨论，不断提升消费理论对现实生活的解释力。随着代际收入流动对居民消费的作用越来越明显，将"代际因素"纳入消费理论的分析框架中，也成了消费理论的发展趋势之一。目前代际收入流动的研究主要集中在代际收入弹性的测算和代际收入流动对阶层固化、劳动力报酬等方面的影响，而对代际收入流动对居民消费作用的讨论和分析则相对较少。

本书将代际收入流动引入居民消费的研究视域。居民消费能力不仅取决于自身的收入，还取决于代际财富转移的规模以及基于代际助力获得的人力资本提升程度。本书通过拓展世代交叠模型（Overlapping Generation Models，OLG），利用弹性原理和预算线——无差异曲线工具，从消费差距、消费倾向和消费结构三个方面构建代际收入流动影响消费的研究框架，探讨居民代际收入流动对消费的作用路径及效应，拓展消费理论研究领域的同时，也对代际收入流动相关研究形成有益补充。

发展消费型经济，扩大居民消费在经济发展中的拉动作用是我国调整经济结构、实现经济发展方式转型升级的主要目标之一。从代际收入流动的角度分析我国居民消费的现状和特点，找寻居民消费率、消费倾向偏低的根源，为今后优化我国居民代际收入流动的实践提供理论支撑。分析代际收入流动对居民消费产生影响的路径及效应，从代际的视角入手，探索缩小贫富差距、激发居民消费意愿的方法，为完善促进消费的体制机制，优化消费升级的路径提供思路和参考，也为应对人口老龄化、阶层固化等问题，提升国民经济整体效能提供解决方案。

1.2 研究思路与研究内容

1.2.1 研究思路

随着居民收入水平的不断提升，加之传统观念的作用，代际因素对我国居民消费的影响日渐突出，本书侧重于探讨"代际收入流动影响消费的传导路径及效应"。具体来看，首先，以现代消费理论为基础，梳理消费理论发展"从代内到代际"的时期逻辑。在评述国内外关于"代际收入流动""代际收入流动与消费""对我国居民消费相对不足的解释"相关文献和分析社会现实的基础上，阐明本书写作的理论意义和现实意义。其次，在理论上构建包含代际收入流动的三期 OLG 模型，求解均衡时代际收入弹性与居民消费倾向、发展享受型消费支出占比之间的关系；并利用弹性原理和预算线——无差异曲线工具，探讨代际因素对居民消费差距和消费结构的作用；从消费差距、消费倾向和消费结构三个方面，分析代际收入流动影响我国居民消费的传导路径。综合运用多种计量方法，结合 CFPS[①] 微观数据检验理论模型，分析代际收入流动对居民消费差距、消费倾向和消费结构的影响，并从代际收入流动方向和城乡角度展开差异性分析，结合中国当前消费转型升级的重要任务，对代际收入流动对消费的影响进行判断预测。最后，根据上述分析

①　中国家庭追踪调查，China Family Panel Studies。

和实证结果，总结代际收入流动作用于消费的一般规律，结合我国具体情况，提出有效促进消费转型升级的政策建议（见图1-3）。

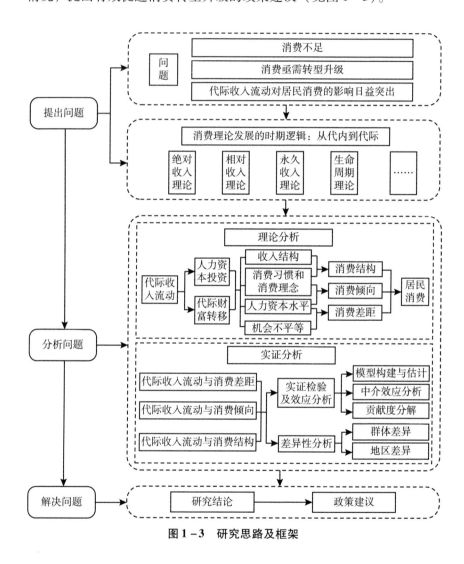

图1-3　研究思路及框架

1.2.2　研究内容

本书以代际收入流动和居民消费作为研究对象，从现代消费理论出发，构建代际收入流动影响消费的研究框架，探讨代际收入流动对消费的作用路径及效应。基于上述目的，本书主要包括以下研究内容：

1. 我国居民代际收入流动水平的测算及趋势分析

本书采用中国家庭追踪调查（China Family Panel Studies，CFPS）数据库中 2010 年、2012 年、2014 年、2016 年和 2018 年数据，通过家庭编码和个人编码完成子代和父代数据的代际连接整理，用 OLS、2SLS 等方法计算代际收入弹性、代际收入秩关联系数、代际转换矩阵以及惯性率、亚惯性率和平均阶差等指标，从不同侧面反映我国居民的代际收入流动水平。

2. 分析代际收入流动影响消费的传导路径

在世代交叠模型（OLG）的基础上，构建包含代际收入流动，个人生命分为青年、中年和老年的三期 OLG 模型。模型首先将居民收入拓展为两部分：第一部分为代际财富直接转移。若其为正，则表示存在代际财富转入；若其为负，则表示存在代际财富转出。尽管从整个社会来说，这一收入加总后总量为零，但是由于收入受不同的消费群体支配，边际消费倾向的差异也会对消费总量产生影响。第二部分是居民自身收入。从代际收入流动视角来看，居民自身收入受父母对其进行的教育、职业等方面"投资"的影响，即收入的间接转移。这部分"投资"属于父代上一期消费支出的一部分，并且会提高子代当期的收入水平。其次基于代际收入流动对各期消费函数和预算约束的调整，对模型求解，探寻代际收入流动与消费倾向、消费结构等消费升级关键变量之间的关系。

3. 代际收入流动对消费的作用效应分析

效应分析主要包括三部分。首先，综合选取微观数据和宏观数据，在测度代际收入流动性的基础上，检验代际收入流动对消费差距、消费倾向、消费结构等方面的影响；并构建中介效应模型对各传导路径进行机制检验。其次，利用夏普利值回归分解方法，分析代际收入流动对居民消费差距、消费倾向和消费结构的贡献度。最后，对可能存在的由于代际收入流动方向、地区等因素所导致的差异性进行分析。

根据以上研究内容，将本书写作框架设计如下：

第1章，导论。本章主要介绍本书的写作背景、研究意义、研究思路和各章的主要内容，并对研究方法、主要创新点进行总结。

第2章，文献综述。本章从消费理论发展的时期逻辑、代际收入流动、代际收入流动与消费、对我国居民消费相对不足的解释四个方面梳理国内外学者对相关问题的研究成果，并对已有研究进行评述。

第3章，理论基础及概念界定。本章阐述了本书写作的理论基础：绝对收入消费理论、生命周期消费理论、代际收入流动理论和世代交叠模型，并对相关概念进行界定。

第4章，中国居民消费和代际收入流动现状。本章首先使用宏观数据和CFPS微观数据计算我国居民的消费水平、消费倾向及消费结构，并对居民消费情况进行纵向和横向比较，分析我国居民消费扩张背后存在的动力不足问题。其次，利用代际收入弹性、代际收入秩关联系数、代际转换矩阵等指标和方法，结合CFPS微观数据库，测度我国居民的代际收入流动水平，并对其变化趋势进行分析。

第5章，代际收入流动对居民消费差距的影响。首先，本章利用预算线——无差异曲线工具，从理论角度分析代际财富转移、父代对子代人力资本投入等代际因素对子代收入差距的作用，并依据收入和消费的直接关系，判断代际因素对消费差距的影响。其次，使用代际收入弹性和基尼系数指标，测度我国居民的收入差距状况及变化趋势，并用2SLS回归和夏普利值分解法分析代际收入流动水平对居民基尼系数的影响程度及贡献度。最后，从代际收入流动方向和城乡两个角度进一步讨论代际收入流动水平对居民消费差距影响的差异性。

第6章，代际收入流动对居民消费倾向的影响。首先，本章构建将个人生命分为青少年期、中年期和老年期，而且存在代际关联和重叠的三期世代交叠（OLG）模型。在收入约束和利他动机的作用下，分析个体进行跨期消费和储蓄决策、实现效用最大化的均衡状态，并在此基础上建立代际收入弹性影响居民消费倾向的理论框架。其次，利用微观数据测度我国居民家庭边际消费倾向，估计代际收入流动水平对父代和子代家庭边际消费倾向的影响和贡献度。最后，从代际收入流动方向和城乡角度讨论代际收入流动水平对居民消费倾向影响的差异性。

第7章，代际收入流动对居民消费结构的影响。本章首先结合世代交叠模型从理论角度分析代际收入弹性对父代家庭居民发展享受型消费支出占比的影响，并利用弹性理论分析财富转移和教育投资等代际因素对子代居民发展享受型消费支出占比的作用。其次，使用 CFPS 数据库数据测算我国居民的消费结构，并估计代际收入流动水平对子代、父代居民消费结构的影响及贡献度。最后，从代际收入流动方向和城乡角度讨论代际收入流动水平对居民消费结构影响的差异性。

第 8 章，主要结论及政策建议。总结研究结论，并结合研究结论，借鉴已有的经验做法，提出调控代际收入流动、完善消费体制机制、促进消费转型升级、实现经济高质量发展的政策建议。最后对本书研究的不足之处进行归纳总结，并提出未来的研究展望。

1.3　研究方法

尽管学术界从消费函数、消费的影响因素及经济政策等方面对消费理论进行了大量定量和定性研究，在代际收入流动水平的测算和代际收入流动的影响机制方面也取得了丰硕的研究成果。但是从代际收入流动的视角对中国居民的消费问题进行系统研究的文献却相对较少。本书在借鉴前人相关研究理论和成果的基础上，从代际收入流动的角度入手，分析我国居民代际收入流动影响消费的传导路径及效应。主要采取如下研究方法：

（1）统计分析法。本书的数据主要来自中国家庭追踪调查（CFPS）数据库，结合本书研究目的和各章的具体要求对数据进行代际对接与筛选。为了对样本有整体了解和把握，保证实证检验和效应分析得以顺利进行，书中对父代与子代的收入水平、消费支出、年龄、受教育程度等主要变量进行描述性统计分析。此外，本书在分析我国居民消费和代际收入流动水平的现状与发展趋势、测度居民基尼系数和消费结构、对相关结果进行差异性比较时，也使用了统计分析法。

（2）计量分析法。本书使用的计量分析法主要有 OLS、2SLS 等。测算我国居民代际收入秩关联系数、边际消费倾向等指标时，主要使用最小二乘法进行估计；测度居民代际收入弹性、分析代际收入流动水平对居民消费差距、消费倾向和消费结构的影响时，为了克服内生性问题，在进行 OLS 估计的同时，也以居民的职业社会地位、受教育程度等作为工具变量进行 2SLS 估计。

（3）中介效应分析和夏普利值回归分解。分析代际收入流动影响居民消费的传导路径，一方面要逻辑演绎代际收入流动对消费差距、消费倾向和消费结构的影响，并构建中介效应模型对各传导路径进行机制检验；另一方面进行机制检验的同时还要利用夏普利值回归分解方法分解出代际收入流动对消费差距、消费倾向和消费结构的贡献度，从而体现代际收入流动在各传导路径中的相对重要性。

1.4 创新点

（1）构建纳入代际收入流动的三期 OLG 模型。本书引入代际收入流动因素，构建将个人生命分为青少年期、中年期和老年期，同时存在代际关联和重叠的三期 OLG 模型。在收入约束和利他动机的作用下，分析个体进行跨期消费和储蓄决策、实现效用最大化的均衡状态，为后期分析不同年龄阶段群体间的收入转移、不同群体的边际消费倾向和消费结构差异提供了切入口，可能是本书在理论上的创新。

（2）构建居民代际收入流动对消费传导路径的理论框架。本书综合运用消费理论、弹性理论和预算线——无差异曲线工具，系统分析代际收入流动通过人力资本投入、财富直接转移等因素，对居民消费差距、消费倾向和消费结构的作用，梳理代际收入流动影响居民消费的传导路径，与上述三期 OLG 模型一起构建理论分析的基本框架。

（3）从代际收入流动方向的角度对各传导路径展开差异性分析。在已有的研究中，涉及代际收入流动问题的差异性或异质性分析，学者们主要从收入阶层、城乡、省份地区、子代性别、年龄等角度展开讨论。考虑到不同代际收入流动方向的群体，其居民的利他动机和消费特征会存在明显差异，因此，本书选择从代际收入流动方向的角度，考察代际收入向上流动、代际收入向下流动、阶层相对固定三个组别，代际收入流动水平对居民消费差距、消费倾向和消费结构影响的差别。

第2章

文 献 综 述

　　要客观认识代际收入流动对居民消费的作用，并对其影响路径进行梳理，则需要对消费理论和代际收入流动理论有一个系统全面的认识，为本书理论框架的构建找寻理论渊源。归纳国内外学者在相关领域的研究成果，可以在思路设计、方法选取、模型构建等方面为本书提供参考，同时，在文献梳理的过程中，也可以找到写作的创新点和突破口。因此，本章从消费理论发展的时期逻辑、代际收入流动、代际收入流动与消费、对我国居民消费相对不足的解释四个方面梳理国内外学者对相关理论和相关问题的研究成果，并对已有研究进行评述。

　　消费是国民经济的重要构成，对国民经济运行和国民经济发展都有重要作用。马克思、亚当·斯密、凯恩斯等经济学家均在其经典著作中强调过消费的重要性。

　　马克思（1867）指出，"人从出现在地球舞台上的第一天起，每天都要消费，不管在他开始生产以前和在生产期间都是一样。"[①] 马克思把消费看作社会再生产过程中的一个关键环节，并且提出消费的动态性——在运动的过程中与生产、分配、交换等其他社会生产环节相互依存并相互影响。"生产媒介着消费"，"消费也媒介着生产，因为正是消费替产品创造了主体，产品对这个主体才是产品。"[②]

---

　　① 马克思：《资本论（第一卷）》，人民出版社1975年版，第191页。
　　② 《马克思恩格斯选集（第二卷）》，人民出版社1972年版，第94页。

西方古典经济学对于消费问题的研究，主要以威廉·配第、亚当·斯密、李嘉图、魁奈等的观点为代表，他们一方面强调节制消费，为社会再生产积累资本；另一方面又强调消费对于生产的重要性。亚当·斯密（1776）在《国富论》中指出，"节俭致使资本增加，奢侈浪费与任意而为致使资本减少。一个人从收入中节省多少，就能使资本增加多少。"他同时强调，用于维持劳动力的必要消费将有利于国家财富增长，"一种消费方式用于维持生产性劳动者，能实现一个国家土地和劳动的年产品的交换价值的增加；一种消费方式用于维持非生产性劳动者，则不能实现一个国家土地和劳动的年产品的交换价值的增加"。①

英国经济学家约翰·梅纳德·凯恩斯（1936）在《就业、利息和货币通论》中指出，"消费是一切经济活动的最终目的和唯一对象。总需求只可能来自现在消费或者现在为将来消费作的准备"。凯恩斯还指出，"资本不能离开消费而独立存在。消费倾向一经降低便会成为永久性的习惯，不仅消费需求会减少，资本需求也会减少"②。

不管是作为商品使用价值的实现方式，还是作为效用的获取途径，抑或是作为社会总需求的核心组成，消费在经济学领域中都是一个至关重要的存在。因此，长期以来，学术界对消费理论的研究也热度不减。

2.1　消费理论发展的时期逻辑：从代内到代际

2.1.1　消费理论的形成与发展

凯恩斯之前的微观需求理论主要将个体消费者作为研究对象，以"边际效用理论"为研究基础，分析符合"理性人"假设的消费者在个人预算约束下，对各种商品或服务的选择行为。凯恩斯在《就业、利息和货币通论》中提出了以需求管理为核心的经济运行模式，并针对居民消费问题提出了消费理论——"绝对收入假说"。"绝对收入假说"认

---

① 亚当·斯密：《国富论》，商务印书馆 2014 年版。

② 约翰·梅纳德·凯恩斯：《就业、利息和货币通论》，中国社会科学出版社 2009 年版。

为，居民当期的消费支出主要取决于居民当期的收入水平，而且居民消费的增长速度慢于收入的增长速度，即随着居民实际收入水平的提高，平均消费倾向和边际消费倾向均呈现递减趋势，且边际消费倾向小于平均消费倾向。自此，消费理论在世界范围内逐渐兴起并快速发展，成为学者们研究居民消费问题的标准化范式。

然而，"消费行为的短期性"是绝对收入假说的一个缺陷，该理论中的消费者只考虑短期行为，追求现期预算内的效用最大化，这同现实生活中消费者的行为方式并不一致，因此导致假说中的某些结论与现实经验不符。美国经济学家库兹涅茨（1946）通过分析美国 1869～1938 年的国民收入与个人消费数据发现，从短期来看，的确如"绝对收入假说"所言，存在边际消费倾向小于平均消费倾向的情形。然而从长期来看，美国的国民收入在这 70 年间增加了大约 7 倍，但平均消费倾向却相对稳定，这个结果同凯恩斯绝对收入假说的预言不一致，故被称为"库兹涅茨之谜"或"消费函数之谜"。

学者们试图从不同的角度对"库兹涅茨之谜"进行解释，极大地推动了消费理论的发展。其中，最具代表性的当属杜森贝利的"相对收入假说"、莫迪利安尼与布伦贝格的"生命周期假说"和弗里德曼的"持久收入假说"。相对收入假说（Dusesenberry J S, 1949）认为，消费者的消费支出不仅取决于自身的现期收入水平，还取决于其前期的消费水平和周围群体的消费水平，即"棘轮效应"和"示范效应"。消费的"示范效应"揭示了人们消费行为相互影响的事实，"棘轮效应"则将中长期的惯性因素纳入居民消费的分析框架之中，从而证明了平均消费倾向的长期稳定性，也解释了消费对经济增长的稳定作用。相对收入假说将居民消费支出的影响因素从自身当期收入拓展至外部因素，极大丰富了消费理论的研究思路，但其并不能很好地解释"短期内消费随收入的变动而变动"的现象。

生命周期假说（Modigliani F et al., 1954）认为，为了实现在生命各个阶段消费的平稳性，理性的消费者会根据所预期的自己一生的劳动收入和财产收入来安排自身消费，且各阶段的消费支出总量等于一生的劳动收入与财产收入之和。消费者在不同生命阶段的消费大致遵循如下规律：工作时期储蓄为正，为退休后的消费进行储备，退休后则表现为负储蓄。因此从长期来看，平均消费倾向与边际消费倾向都表现得比较平稳。持久收入假说（Friedman M，1956）将消费者的现期收入分为持久性收入与暂时性收入两部分，并认为消费者的消费倾向主要由持久性收入决定，换言之，理性消费者会根据长期可预期的收入，即持久性收入做出消费决策，而暂时性收入对当期消费的影响则很小。生命周期假说和持久收入假说均考虑了确定性条件下的预期收入对当期消费的作用，假说中的消费者是具有前瞻性的理性主体，追求跨期收入预算约束下的个体效用最大化，合理解释了"库兹涅茨之谜"。同时，生命周期假说也将消费理论的决策期由当期拓展到跨期，并因其逻辑优势逐渐在现代消费理论中占据核心位置。

20 世纪 70 年代理性预期革命之后，经济学家逐步将理性预期和不确定性两大因素纳入消费函数，对消费理论进行丰富拓展，以随机游走假说、预防性储蓄假说、流动性约束假说为代表。随机游走假说（Hall R E，1978）将理性预期融入持久收入假说中，认为一个有无限寿命的代表性消费者，在追求预期效用最大化时，其消费轨迹是一个随机游走过程，即除了当期消费，任何变量对预测下期消费都没有帮助。预防性储蓄假说（Leland H E，1968）在假设信息有限、预期寿命不确定、预期收入与支出也不确定的前提下，将效用函数拓展为常相对风险效用函数（CRRA）与常绝对风险效用函数（CARA）①，得出的结论是，存在不确定性和风险时，居民在未来收入不确定性的情况下一般都会选择增加储蓄。流动性约束假说（Zeldes S P，1989）基于资本市场不完善的假设，认为"居民跨期资源配置成本"的存在将加大居民从资本市场获得借贷、实现资源跨期配置的难度，这种流动性约束会导致消费者减少当前消费，其消费路径也不再平滑；后来，迪顿（Deaton，1992）和卡罗尔等（Carroll et al.，1992）将流动性约束假说和预防性储蓄假说加以综合，提出缓冲存货理论（Buffer Stock），认为流动性约束的存在会致使消费者用"增加财富积累"的方式来抵御未来收入的不确定性风险，且设定的财富目标会与收入风险相匹配，当实际财富量低于该目标时，消费者便会增加储蓄、降低消费，以提高财富水平。

---

① CRRA：Constant relative risk aversion utility function；CARA：Constant absolute risk aversion utility function.

2.1.2 世代交叠模型及其拓展和运用

梳理消费理论的发展历程不难发现，收入水平一直被视为影响消费的关键因素，为了提高消费理论对现实的解释力，学者们对于收入的研究也逐步从短期延伸至长期。然而，随着经济水平和收入水平的提升，以及居民预期寿命的延长，我们亦发现，现实中人们的总效用水平不仅取决于自身的消费状况，也部分地取决于子孙后代的福利水平。为了实现效用最大化，经济个体会从代际的角度来考虑消费和储蓄决策，财富的代际间转移以及由此形成的代际收入流动便成为现代社会生活中的一种常见现象。戴蒙德（Diamond，1965）提出了世代交叠模型（Overlapping Generation Models，OLG），将有限生命的个体按照劳动与否分为两个时期，即青年期（参与劳动）和老年期（不参加劳动），并形成了同一时期内上下两代人（老年人和青年人）交叠存在的局面，将不同时期消费者的效用纳入居民消费问题研究中。

此后，不少学者通过拓展世代交叠模型，对居民的消费和储蓄行为进行分析。贝克尔（Becker，1974）基于"利他主义"假设，得出了收入单方向转移的世代交叠模型，认为父代发自内心地关心子代的生活状况，会在一定程度上给予子代经济上的支持帮助；比特和卡迈克尔（Buiter and Carmichael，1984）则将贝克尔的单方向世代交叠模型进一步拓展为两个方向，认为经济个体的总效用水平既包括由自身消费带来的效用，也包括在对子女和对父母的赠与中获得的效用；舒赫曼等（Choukhmane et al.，2013）将代际财富转移和人力资本积累引入世代交叠模型，研究了家庭消费行为与子女教育支出之间的关系，认为家庭消费率的下降在很大程度上是由"人们对子代人力资本积累重视程度"的提升导致的；赵昕东等（2017）在世代交叠模型中融入了社会保险制度，用 2001 ~ 2014 年我国省级面板数据进行实证分析后指出，我国老龄人口比例的上升在一定程度上会对居民消费率的提升产生积极作用；贺菊煌（2002）则将个人生命分为青年期、中年期和老年期（其中前两期工作，后一期退休），构建了三期世代交叠模型，在强化了预期作用的同时，也实现了模型中个人初始资产的内生化。

另外，国内不少学者还尝试将我国传统文化、风俗习惯和价值观等非正式制度融入世代交叠模型中，对居民消费、储蓄行为予以分析。黄少安和孙涛（2005）建立了具有东方文化信念的世代交叠模型，将遗赠、赠予的收入转移和财富偏好纳入经济主体的效用函数和决策框架，分析我国居民的消费和储蓄特征；刘庆彬和郝胜龙（2011）利用双向世代转移模型来解释我国农村和城市家庭在子女教育支出方面所存在的"冷热"分化现象，认为在社会保障健全的情况下，代表性消费者为提高投资效率会选择增加对子女的教育投入而减少自身消费支出；汪伟和艾春荣（2015）通过构建包含老龄人口寿命和负担效应的世代交叠模型，分析了我国居民消费率偏低的现象，认为寿命延长所引起的老年人预防性动机对居民消费率产生明显抑制作用。储成兵和李平（2014）也将戴蒙德世代交叠模型由二期扩展为三期①，把微观经济主体对下代人遗赠、对上代人馈赠两个方向"利他主义"的收入转移与财富偏好同时引入消费效用函数中，从非正式制度的角度解释了我国居民消费率偏低的原因。

2.2　代际消费问题的研究关键：代际收入流动

通过梳理关于代际收入流动的国内外文献可以发现，较之国内学者，国外学者对代际收入流动的研究历史更长。贝克尔和汤姆斯（Becker and Tomes，1979）最早从理论层面对代际收入流动的经济作用机制进行了阐述。然而对代际收入流动水平的测度则兴起于索伦（Solon）在1992年的研究，他充分考虑了微观数据测量误差等因素对计量估计的干扰，采用工具变量法，测算出美国劳动者代际收入相关系数的下限约为0.4。此后，学者们对代际收入流动的研究主要集中在两个方面：一部分学者致力于克服数据和模型设定的约束，对代际收入流动水平进行更精确的估计并分析其变化趋势；另一部分则侧重于讨论影响代际收入流动的诸多因素及其作用机制。

---

① 不同于贺菊煌的三期世代交叠模型，储成兵和李平的世代交叠模型把个人生命分为学习、工作、退休三个时期，其中"学习"为人力资本积累的过程，没有收入。

2.2.1　代际收入流动水平的测度

代际收入流动是指下一代（通常指子代）在总体收入分配中的位置相对于上一代（通常指父代）的变化。对代际收入流动的衡量主要有两种指标：代际收入弹性系数（Intergenerational Income Elasticity，IGE）① 和代际收入秩关联系数，也有学者使用代际转换矩阵以及由之计算的惯性率、亚惯性率和平均阶差来描述代际收入流动情况。目前在代际收入流动水平的测度和估计方面，对收入的测量、样本的选取、时间长度、估计方法等内容的选择上，研究者们采用了多种处理方式。

贝克尔和汤姆斯（Becker and Tomes，1979）使用单年度数据估计出美国的代际收入弹性为0.2，最早建立了代际收入流动研究的经济学框架。但是，用单年份收入来代替持久性收入水平，会导致估计结果存在向下的偏误。为了克服这一问题，索伦（Solon，1992）使用父亲4~5年收入数据的平均值代表终生收入，估算出美国的代际收入弹性在0.4~0.5。利用索伦的平均收入法，马祖姆德（Mazumder，2005）进一步发现，计算父代平均收入的年数越多，估计出的代际收入弹性值越大，与真实值越接近。除了平均收入法之外，学者们也尝试从估计方法入手，解决估计结果的偏误问题。齐默曼（Zimmerman，1992）提出了使用工具变量法解决代际收入弹性估计的向下偏误问题。卡瓦利亚（Cavaglia，2015）为了更客观、更精确地测算代际收入流动水平，采用"两阶段双样本工具变量法"测度了德国、英国、意大利和美国的代际收入弹性。简金瀚等（Kamhon K et al.，2014）则同时采用"两阶段双样本工具变量法"和"结构分位数回归法"估计中国台湾的代际收入流动水平，结果显示，父亲与儿子、女儿之间的代际收入弹性分别为0.18、0.23，而母亲与儿子、女儿之间的代际收入弹性为0.5、0.54。

国内学术界关于代际收入流动问题的研究始于2005年。国内学者王海港（2005）利用中国社会科学院的调查资料，测算出1988年、1995年我国城镇居民代际收入弹性分别为0.384和0.424，成为国内研

---

① IGE表示父辈的收入对子女收入的影响，即父代收入每增加1%所带来的子代收入增加的比率。代际收入弹性越大，也就意味着代际收入流动水平越低，社会阶层固化现象越突出。

究代际收入流动问题的第一人。其后，不少学者也尝试对我国居民的代际收入流动水平进行测度，但由于数据库和估计方法选择的不同，并未形成一致的结论。郭丛斌和闵维方（2007）使用一年收入度量居民长期收入水平，测算出我国城镇家庭代际收入弹性系数约为 0.3；王美今和李仲达（2012）使用中国健康与营养调查（CHNS）8 年调查数据，通过 IV 估计测量出居民代际收入弹性为 0.83。陈琳（2015）利用中国城镇家庭收入调查数据（CHIP）估算了我国 1998 ~ 2002 年的代际收入弹性为 0.4。杨亚平和施正政（2016）基于中国家庭追踪调查（CFPS）2010 年数据，采用工具变量法估算出我国代际收入弹性大约为 0.339。方鸣、应瑞瑶（2010）和郭建军等（2015）使用双样本两阶段最小二乘法匹配数据，得出父子代际收入弹性在 0.5 左右。刘文、沈丽杰（2018）利用 CHNS 数据测算出我国代际收入弹性为 0.613，并且得出"城市的代际收入流动低于农村，东部地区的代际收入流动高于中西部地区"的结论。杨沫和王岩（2020）则采用双重测度指标和两类估计方法衡量我国居民的代际收入流动水平，做出了"我国居民代际收入流动水平在 2004 年以后呈上升趋势"的判断。

2.2.2　代际收入流动的影响因素

关于代际收入流动的研究，除了测算代际收入流动水平之外，更多的研究集中在代际收入流动的影响因素和作用机制方面。对于后者，学者们主要从教育和人力资本、社会资本、市场化程度和政策因素等方面展开讨论。

在对教育和人力资本因素的研究中，勃兰登等（Blanden et al.，2007）指出高等教育的扩张可能引起一国代际收入流动水平的下降，因为高收入阶层从高等教育扩张中的获益更大。同样研究教育对代际收入流动的影响，安德里亚·市野等（Ichino et al.，2011）把关注点放在了公共教育支出上，认为公共教育支出，特别是儿童教育支出和代际收入弹性之间存在较高的相关性。勒弗朗与阿利安（Lefranc and Alian，2005）则发现，开放的教育体制对提高一国的代际收入流动水平可以产生积极作用。不少学者们讨论了教育和人力资本投入对代际收入流动水平的影响，但目前并未得出一致性的结论，部分学者认为教育和人力资本投入可以明显提高社会的代际收入流动水平（孙三百等，2012；徐俊武、张月，2015；宋旭光、何宗樾，2018；王同伟等，2019；杨沫、王岩，2020），但也有学者认为父代对子代的人力资本投资并未对代际收入流动水平产生明显作用（郭丛斌、闵维方，2007；张明等，2016；董长瑞、王晓，2017）。

在对社会资本因素的研究中，郭丛斌、丁小浩（2005）认为在我国劳动力市场分割严重的背景下，父代职业对子代职业存在显著影响。陈钊等学者（2009）也指出，除了劳动者生产率特征外，城镇户籍、父亲的受教育年限、政治身份等因素都有利于子女进入高收入行业。何石军和黄桂田（2013）通过分解父辈的行政权力效应和代际网络效应，发现父代的社会网络资源对子代收入具有显著的正向影响。胡咏梅和李佳丽（2014）的研究证实，父母拥有官员以及党员身份可以显著提高子代进入公有制企业的工作、获取较高收入的机会。杨沫、王岩（2020）指出，父代职业、社会地位等非教育因素传递机制的不断减弱，对社会代际收入流动水平的提升起到了积极作用。

在对市场化程度和政策因素的研究中，佩里诺（Priaino，2015）在分析南非的机会不平等问题时发现，种族歧视是造成南非代际收入流动性过低的主要原因。杨汝岱和刘伟（2019）认为市场化程度对代际收入流动有显著影响，市场化程度越高的地区，代际收入流动性越强。李宜航（2019）的研究显示，贸易开放对促进代际收入流动、缩小代际间收入差距会产生积极作用。

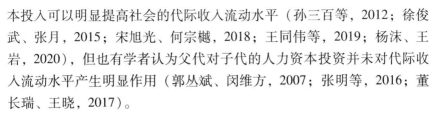

2.3　代际收入流动与居民消费

2.3.1　代际收入流动与收入差距

在代际收入流动的研究领域中，大多数学者着眼于代际收入流动水平的测度及其影响因素的探究，与此同时，也有部分学者将视角放在了代际收入流动对居民收入差距的影响方面。

假设代际收入流动极低甚至停滞，那便意味着父代的收入不平等结构会被完全复制到子代身上，处于收入底层的父代，其子代也只能继续停留在底层，没有任何向上层流动的可能，此时社会阶层严重固化，激励机制也会表现得效率低下。学者们的研究发现，在经济发展水平较低的社会中，这种现象更为明显（Moav and Maoz，1999），究其原因，主要是父代对子代的教育成本投入在更大程度上受父代收入水平以及与收入水平密切相关的信贷约束的影响，而教育成本是决定收入差距与代际收入流动反向关系的主要因素（Galor and Ziem，1993；Nakamura T and Murayama Y，2011）。

关于代际收入流动水平对收入差距影响的研究，最著名的当属克拉克的"了不起的盖茨比曲线"（The Great Gatsby Curve）。克拉克（Corak M，2013）将代表收入差距的基尼系数作为横轴，代际收入弹性作为纵轴，将多国数据置于坐标系中，画出"了不起的盖茨比曲线"，得出"代际收入流动性越强，社会收入差距越小"的结论，随之有不少学者使用不同国别的数据均验证了克拉克的观点（Arawatari and Ono，2013；Guido N，2016；杨汝岱、刘伟，2019）。周兴和张鹏（2013）通过"反事实"基尼系数计算 R - S 再分配指数，发现代际收入流动水平的高低对居民长期收入差距的变化存在直接影响，导致居民收入差距扩大的一个重要原因就是代际收入流动水平的下降，方鸣（2014）的研究也证实了这一结论。陈东、黄旭锋（2015）利用 CHNS 数据，检验了代际收入流动与收入差距的关系，认为家庭财富的代际转移是形成子代收入差距的最关键因素。

2.3.2　父代对子女的教育支出与居民消费

关于子女教育支出对家庭消费的影响，学者们从挤出效应、预防性储蓄、人力资本积累等角度展开了深入的理论和实证研究，目前形成了两种截然不同的观点：教育支出会抑制家庭消费、教育支出对家庭消费存在刺激作用。

部分研究认为子女教育支出增加会引起居民家庭消费水平下降。在收入既定时，家庭对子女教育投入增加是以降低家庭其他成员的消费为代价的，对家庭其他消费存在明显的挤出作用，抑制了家庭生活水平的提高（杨汝岱、陈斌开，2009；龙斧、梁晓青，2019；杨真、张倩，

2019）。从预防性储蓄的角度考虑，学者们认为子女教育支出与家庭消费水平之间存在负相关关系，其中，支出不确定性是家庭进行预防性储蓄的关键动因（李江河等，2018），教育支出也存在不确定性，若预期子女教育费用未来有上涨趋势，具有利他动机的父母会选择增加储蓄来应对（Yao R et al. 2011；袁冬梅等，2014），高教育投入与低消费率便相伴而生；在传统观念的作用下，中国家庭通过负债来平滑消费的意愿较低，这会导致教育支出的不确定性对中国家庭的预防性储蓄产生更大的影响（祝伟、夏瑜擎，2018）。

与此同时，也有不少学者依循"教育—人力资本—收入—消费"这一传导路径提出观点，认为教育支出不同于食品、衣着等生存型消费，其属于发展型消费（张学敏、田曼，2009），而且教育支出具有一定的投资属性（Kindleberger C R，1986），因此可以通过人力资本积累实现劳动力收入水平的提高，而收入增长又能进一步促进居民家庭消费水平提升（Nee V，1989；刘松涛等，2021）；此外，教育也可以影响人们的消费观念、消费习惯和消费偏好，有助于居民消费倾向的提高和消费结构的优化（邸俊鹏等，2019）。

2.4 对我国居民消费相对不足的解释

消费对经济发展具有基础性作用，是扩大内需、促进经济高质量发展的关键。但中国居民表现出的消费率偏低、储蓄率过高现象，与中国经济持续稳定增长的背景显得很不协调，因此引起了学者们的持续关注。学术界对中国居民消费不足的解释，主要从以下几方面展开：

第一，收入分配和收入差距对消费的影响。收入差距的扩大对居民消费支出存在显著的抑制作用，这是不少学者的共识（陈斌开，2012；杨旭等，2014；纪园园、宁磊，2018）。高帆（2014）通过分析劳动者报酬占比、城乡收入差距和居民消费率三者之间的关系，发现平均消费倾向不仅会随着收入增加呈现下降的趋势，而且还会随着收入差距变大而降低，也间接证明了收入差距与消费支出之间的负相关。杨汝岱与朱诗娥（2007）、肯尼斯等（Kenneth S et al.，2016）、刘悦等（2019）也指出，收入分配不平等所引起的居民收入差距过大是导致我国居民消费率偏低的重要原因，缩小收入差距，降低收入不平等程度，将有助于消费的质量提升和结构优化。侯小伏（2010）分析了山东省扩大内需、提升消费的社会支持条件，指出山东省消费不足的结构性原因是社会收入差距扩大背景下中等收入阶层弱小、农民收入长期处于低水平状态。当然，也有学者认为，一定程度的劳动收入差距有利于居民消费率的提升（赵伟、王丽强，2015；江剑平等，2020）。从收入分配来看，国民收入分配格局中居民收入或劳动收入份额偏低，被许多学者用来解释我国居民消费不足问题，而居民收入或劳动收入份额偏低，则主要由宏观再分配政策（司聪、孔祥利，2020）、信贷融资约束（汪伟等，2013）、全球价值链（袁媛、綦建红，2019；张少军等，2022）等原因导致。

第二，人们消费习惯、消费观念和不确定预期对消费的影响。奈克和摩尔（Naik and Moore，1996）、戴南（Dynan，2000）、格里利亚和罗西（Grariglia and Rossi，2002）等将习惯因素融入消费函数中，讨论消费习惯对居民消费的影响。杭斌（2010）使用我国 26 个省份的城镇住户调查数据进行实证检验，分析了习惯形成的原因及其对居民消费的影响，发现习惯形成和不确定性对我国城镇居民高储蓄率现象有显著的解释力，黄娅娜、宗庆庆（2014）与何强、董志勇（2016）的研究也得出了同样结论，因此，养老、医疗和公共教育服务体系的完善，可以对促进居民消费产生积极作用（王勇、周涵，2019；吴强等，2019）。臧旭恒、陈浩（2019）则从代际视角解释了居民消费习惯形成，认为较低的代际收入流动性会让居民消费表现出更强的习惯形成特征，并提出消费习惯的异质性所带来的结构性问题是导致城镇居民消费相对不足的重要原因之一。张安全和凌晨（2015）将习惯形成和预防性储蓄相结合，认为习惯形成特征可以降低不确定性对居民消费产生的影响。另外，还有学者从文化差异和消费理念方面展开分析，认为传统文化影响下中国居民形成的"节俭""不负债"等消费习惯和消费理念，造成了居民消费时有明显的"克制动机"，从而导致居民消费率低下（赵吉林，2009；雷钦礼，2009；叶德珠等，2012）。

第三，流动性约束对居民消费的影响。大量学者的研究结果显示，流动性约束对居民家庭消费的扩张和消费水平的提升存在显著的抑制作用（Li et al.，2013；甘犁等，2018；纪园园、宁磊，2020）。万广华等（2001）、奎吉斯（Kuijs，2005）、阿齐兹等（Aziz et al.，2007）、姚健和臧旭恒（2021）等学者均提出，我国金融市场和信贷体系不完善，无法满足消费者信贷需求，导致居民消费率偏低。杭斌和余峰（2018）进一步指出，流动性约束对消费抑制作用的强弱和社会地位有关，社会地位高的家庭受到的抑制影响相对较弱。与此同时，也有学者结合家庭资产的流动性来讨论流动性约束对消费的影响。臧旭恒和张欣（2018）从有房消费者住房资产对高流动性资产的挤出效应、无房消费者住房需求导致高流动资产的高储蓄率角度，对中国家庭财富多但消费低的矛盾现象进行解释。李江一（2018）的研究也证实，住房需求使我国居民家庭面临严重的流动性约束，从而对消费产生抑制作用。

2.5　已有研究评述

综上所述，不管是在马克思主义经济学的研究框架，还是在新古典主义和凯恩斯主义的理论体系，消费在经典经济学理论中都是一个重要的环节和构成。所不同的是，马克思用唯物辩证法把消费放在由生产、分配、交换、消费构成的经济体系中加以讨论，通过揭示消费与生产、消费与分配、消费与交换的对立统一关系来展示消费的重要作用；亚当·斯密是在讨论资本和分工时论述了消费结构、消费方式等对生产和财富的重要性；凯恩斯则是在确定性条件下对消费展开讨论，而且凯恩斯更强调消费的"需求属性"，将消费视为社会总需求的重要组成。后来学者们对于消费理论的丰富和拓展，大多数都是以凯恩斯的"绝对收入假说"为基础的。

梳理消费理论的演进历程可以发现，从时间和收入的角度来看，学者们对消费理论的探索表现出两种趋势：在时间跨度上，研究视野不断拉长，从"绝对收入假说"的"当期"延伸至"生命周期假说"的"多期"。随着人类预期寿命延长和社会竞争压力加剧，人们的消费决策和消费特征除了对自身、对当代产生作用之外，也会在有意无意间对子孙后代的消费产生影响，当学者们用世代交叠模型丰富消费理论时，便将时间跨度延伸至"跨代"，代际影响逐步进入消费理论的研究框架中。在收入来源上，对于影响消费的关键因素——收入，人们的认识也在不断丰富，视角也从劳动性收入逐步扩展到转移性收入、财产性收入等，讨论不同收入来源对居民消费的作用。丰富的研究成果不断完善、充实着消费理论，使其更加贴近生活，也为本书的研究奠定了良好的前期基础。当代际问题进入人们的视野时，我们发现，现实生活中普遍存在的代际收入流动现象，也影响着人们的消费决策，可是已有的消费理论对此的解释力却略显不足，因此，分析代际收入流动和居民消费之间的内在逻辑，可以进一步丰富拓展消费理论。

学术界关于代际收入流动的研究，如上面所说，主要集中在两个方面：一是关于代际收入流动性的测度。为了克服估计偏误问题，学者们在样本选取、估计方法使用方面作了不同的尝试和努力，以期能够准确地测量代际收入流动水平。但就目前的结果来看，并未形成一致的结论。二是从"前因"入手，探讨代际收入流动的影响因素和作用机制。其中，多数研究聚焦到"子代的人力资本因素"和"父代的社会资本因素"两方面，不过遗憾的是，目前的研究也未达成一致的结论。比如，有学者指出对子代的教育投入可以显著提高社会的代际收入流动水平，却也有学者认为对子代的人力资本投资并未对代际收入流动性产生明显作用。有"前因"的分析，当然也存在对"后果"的讨论。这方面的研究成果主要集中在"代际收入流动对社会收入差距的影响"或"代际收入流动对阶层固化的作用"方面，也有部分学者在论文著作中讨论了"代际收入流动与居民消费习惯形成"的关系。代际收入流动作为家庭单位中经济个体收入代际关联的一种表现，其本身也会成为一种"因"去影响居民的经济决策，其中必然包括消费决策。当社会代际收入流动水平较高时，为了助力子代实现代际跨越，父代出于"利他动机"和"牺牲精神"所做出的消费或储蓄选择，同代际收入流动水平较低时会有明显区别。现有研究成果从"对子女的教育投入"着手分析代际因素对居民消费的作用，显然并不能够全面深入地展示"代际收入流动对居民消费的影响"。

在对我国居民消费相对不足、储蓄率过高、消费率偏低问题进行经验研究时，学者们主要从"收入分配和收入差距""消费习惯与消费观念""流动性约束"方面进行解释。中国传统文化中历来重视"家"与"国"，历史沿袭至今并对消费产生影响的不仅仅是"崇俭戒奢"，还有"家族观念"。站在大家庭的角度，将个人的效用与子代甚至孙代的福利水平紧密关联，是我国居民在经济行为和社会行为上表现出的一个重要特征，这也足以说明将代际因素纳入我国居民消费问题的考察，有着重要的现实意义。但就目前来看，明确将代际收入流动引入消费的影响因素，从代际收入流动的视角解读我国居民消费相对不足问题的文献则很少。

总之，随着消费理论依循"当期—当代—代际"的时期逻辑不断演进，学者们在收入、习惯等方面融入了代际因素的考察，取得了丰硕的成果，对消费理论进行了丰富和拓展，也为本书的研究奠定了良好的基础，在写作思路和研究方法等方面提供了参考。但针对现实生活中存在的代际收入流动现象，已有消费理论的解释力仍显不足：首先，系统考察代际收入流动对消费影响的文献相对较少，且未明确将代际收入流动引入消费的影响因素中；其次，现有研究未系统梳理代际收入流动对消费的作用路径。基于上述理由，本书计划在已有研究的基础上，着眼于代际收入流动对消费的作用，探讨代际收入流动影响消费的传导路径及效应，从"代际收入流动与消费差距""代际收入流动与消费倾向""代际收入流动与消费结构"三个方面，系统梳理代际收入流动影响消费的内在逻辑，以期进一步发展消费理论，提高其对现实生活的解释与预测能力。

2.6 本章小结

本章从"消费理论的发展""代际收入流动理论""代际收入流动与居民消费""对我国居民消费相对不足的解释"几个方面对国内外的主要研究进行了回顾和梳理，发现在消费理论发展演进过程中，存在一条"当期—当代—代际"的时期逻辑路径。然而已有研究成果中，系统考察代际收入流动对消费影响的文献相对较少，且未明确将代际收入流动引入消费的影响因素中，而且现有研究未系统梳理代际收入流动对消费的作用路径。基于以上原因，再结合我国居民消费率偏低、消费潜力亟须释放的现状，本书计划在已有研究的基础上，着眼于代际收入流动对消费的作用，探讨代际收入流动影响消费的传导路径及效应，从"收入差距""消费倾向""消费结构"三个方面入手，系统梳理代际收入流动作用于消费的内在逻辑，构建代际收入流动影响消费的理论框架。

第3章

理论基础及概念界定

3.1 理论基础

3.1.1 绝对收入消费理论

英国经济学家凯恩斯在其著作《就业、利息和货币通论》中提出，在短期内，消费支出的大小与收入水平之间有密切的联系，消费支出与当期绝对收入水平之间存在稳定的函数关系，或者说，当期的绝对收入水平决定消费支出的大小。凯恩斯的消费理论被称为"绝对收入消费理论"或"绝对收入假说"。

绝对收入消费理论认为，消费会随着收入水平的提高而增长，但是相比之下，消费增长的速度会低于收入增长的速度。如果把增加一单位收入所带来的消费的增加量定义为边际消费倾向，把消费支出占收入的比重定义为平均消费倾向，那么，随着收入的增加，边际消费倾向和平均消费倾向都会呈现出递减的趋势，并且边际消费倾向会小于平均消费倾向。

根据绝对收入消费理论，可以把当期绝对收入水平和消费支出的关系用线性函数表示：

$$C_t = \alpha + \beta Y_t + \mu_t \tag{3.1}$$

式（3.1）中，C 表示消费支出，Y 表示当期的绝对收入水平；α 是自发消费，即不受收入影响的消费支出；β 是边际消费倾向，$\beta = \dfrac{\Delta C}{\Delta Y}$，且 $0 < \beta < 1$；βY 被称为引致消费，引致消费会随着收入的增加而增加。

绝对收入消费理论的主要观点包括以下三方面内容：

（1）从短期看，收入是决定消费支出的最主要因素，消费支出和当期收入水平之间存在数量关系。随着收入的增加，消费支出不断提升。

（2）消费会随着收入的增加而增加，但消费的增量小于收入的增量，也就是说，人们不会把增加的收入全部用在消费上。因此，边际消费倾向 β 的取值范围在 $0 \sim 1$ 之间。

（3）随着收入的增加，消费支出占收入的比重会逐渐下降，换言之，随着收入的增加，增加一单位收入所带来的消费的增加量会逐步下降。因此，平均消费倾向和边际消费倾向都会随着收入的增加而下降，且边际消费倾向要小于平均消费倾向。

在凯恩斯之前，经济学家们通常从需求的视角对微观个体的消费进行分析，认为在收入水平、偏好等因素不变的情况下，消费与商品价格之间存在稳定的函数关系。凯恩斯的绝对收入消费理论从宏观层面提出消费支出与收入水平的内在联系，拓宽了消费的研究视野，也架起了消费问题从微观分析到宏观解读的桥梁。

不足的是，绝对收入消费理论中的消费支出是独立的，独立于他人的消费和收入，也独立于其他时期的消费和收入水平。也正是因为如此，导致了绝对收入消费理论的部分结论与现实的经验数据不符，出现绝对收入消费理论无法解释的"消费函数之谜"。

尽管现在来看，绝对收入消费理论有着明显的缺陷和局限性，但是，将收入水平引入消费问题的研究框架，为后续消费理论的丰富和拓展打开了全新的世界，绝对收入消费理论的贡献和价值是不言而喻的。本书分析居民代际收入流动影响消费的作用路径，本质上也是承袭了绝对收入消费理论"消费支出与收入水平有密切关系"的观点。不同的是，本书对收入的分析不仅限于当期，而是从代际的角度展开讨论。

3.1.2 生命周期消费理论

生命周期消费理论由美国经济学家莫迪利安尼和布伦贝格于1954年提出，该理论认为，消费者在某一时期的消费支出不仅与其在该时期的收入水平相关，而且与消费者对以后的收入预期、消费者的资产规模以及年龄等因素有关。人们会从一生的时间跨度内规划自身的消费开支，目的就是使自己在生命各阶段有平稳的消费支出，生活水平不会有太大的起伏波动。根据生命周期消费理论可以得出如下函数：

$$U = f(C_1, C_2, \cdots, C_T) \tag{3.2}$$

$$\text{s. t.} \sum_{i=1}^{T} \frac{C_i}{(1+r)^{i-1}} = W + \sum_{i=1}^{T} \frac{Y_i}{(1+r)^{i-1}} \tag{3.3}$$

式（3.2）是消费者的效用函数，消费者的总效用大小由各期的消费水平来决定。将消费者的生命分为 T 期，C_1，C_2，$\cdots$，C_T 分别代表各期的消费支出。式（3.3）则是消费者的预算约束条件，r 表示利率水平，W 表示消费者的初始财富，Y_i 表示消费者在生命各期的收入水平。消费者要把一生的收入和初始财富在各期的消费支出中进行分配，在该预算约束下实现效用最大化。可以得到如下结果：

$$C_i = \varphi_i(Y_1, Y_2, \cdots, Y_T, W, r) \tag{3.4}$$

式（3.4）显示，消费者在第 i 期的消费水平不仅与当期的收入水平有关，还与各期的收入水平、财富状况和利率水平有关。

一般来说，人一生的收入水平会呈现倒"U"形变化，年轻时收入水平相对较低，但随后逐步上升，中年阶段收入水平达到相对高位，至老年退休阶段，收入水平又会明显下降。根据生命周期消费理论，年轻群体的消费支出不仅与其年轻时的收入水平有关，还与未来可预期的收入以及收入的变化有关，因此年轻人在预期到未来收入呈上升趋势的情况下，会维持较高的消费倾向，甚至可能出现"月光一族"和"借贷消费"的情况。中年群体虽然收入水平较高，但其可能要偿还年轻时的债务，还要为了老年阶段消费水平不下滑而进行储蓄，因此消费倾向相对较低。老年群体收入水平虽有所下降，但依靠中年阶段的储蓄和积累，也可以实现消费支出平稳不降，因此老年阶段的消费倾向会高于中年阶段。

从全社会的角度出发，根据生命周期消费理论可以推断，整个社会的消费倾向与人口的年龄结构有关。如果社会中年轻人和老年人的比重上升，那么整个社会的消费倾向就会提高，反之，如果社会中中年人的比重上升，那么社会的消费倾向就会下降。

生命周期消费理论从消费者的效用函数出发，考察消费者在预算约束下实现效用最大化时的最优决策，就这一点来看，该理论有扎实的微观基础。而且，不同于凯恩斯的绝对收入消费理论从当期收入考察消费支出，生命周期消费理论将收入的时间跨度延伸至生命长度，实现了储蓄和消费之间的互动。

本书理论框架中对居民消费的考察，也是从生命周期的角度展开的。根据生命周期消费理论，分析青年期、中年期和老年期消费支出影响下的居民效用最大化问题。有所不同的是，生命周期消费理论中分析的是消费者个人一生的收入水平对其自身各阶段消费的影响，而本书则在分析中加入消费者间的代际作用，讨论存在代际因素的情况下，消费者在各生命阶段的消费、储蓄以及效用最大化时的最优选择。

3.1.3 代际收入流动理论

贝克尔和汤姆斯在1979年将人力资本理论与代际收入不平等问题相结合，构建了最初的代际收入流动理论框架，其代际收入流动理论的具体内容如下：

模型以家庭中的子代和父代为研究对象，不考虑政府部门的作用。父代的效用水平受两方面因素影响：一是父代自身的消费水平；二是子代的质量和数量。父代的效用函数可以表示为如下形式：

$$U_t = U(C_t, \psi_{t+1}, n) \tag{3.5}$$

式（3.5）中，C_t 为父代的消费水平，ψ_{t+1} 为每个子女的质量，n 表示子女数量，t 表示父代，$t+1$ 表示子代。如果用子代的财富值来反映其质量高低，即 $\psi_{t+1} = I'_{t+1}$，I'_{t+1} 表示每个子女成年后的财富值，那么，式（3.5）可以调整为：

$$U_t = U(C_t, I_{t+1}) \tag{3.6}$$

式（3.6）中，$I_{t+1} = nI'_{t+1}$，表示 n 个子女的财富总值。父代面临的预算约束为：

$$I_t = C_t + \pi_t y_t \qquad (3.7)$$

I_t 表示父代的总财富，y_t 表示父代对子代投资的数量，π_t 为父代对子代每一单位投资的成本。假设父代对子代的每一单位投资对子代的价值为 ω_{t+1}，则：

$$\pi_t y_t (1 + r_t) = \omega_{t+1} y_t \qquad (3.8)$$

式（3.8）中，r_t 就是父代对子代的投资回报率，整理后：

$$r_t = \frac{\omega_{t+1} y_t}{\pi_t y_t} - 1 \qquad (3.9)$$

子代的总财富 I_{t+1} 来源于三方面：父代对他们的投资 y_t、子代个人禀赋 e_{t+1} 和机遇运气带来的资本 u_{t+1}，假设三种财富对子代具有同样的价值，那么：

$$I_{t+1} = \omega_{t+1} y_t + \omega_{t+1} e_{t+1} + \omega_{t+1} u_{t+1} \qquad (3.10)$$

通过式（3.10）可以看出，在子代的个人禀赋 e_{t+1} 和机遇运气带来的资本 u_{t+1} 外生的情况下，子代的总财富 I_{t+1} 会随着父代对子代的投资 y_t 的增加而增加。将式（3.10）、式（3.8）代入式（3.7）中，可得：

$$C_t + \frac{I_{t+1}}{1 + r_t} = I_t + \frac{\omega_{t+1} e_{t+1}}{1 + r_t} + \frac{\omega_{t+1} u_{t+1}}{1 + r_t} = S_t \qquad (3.11)$$

父代的消费水平和子代的收入水平不仅受父代的收入影响，还与子代的个人禀赋和子代的运气有关，贴现计算后，式（3.11）中 S_t 被视为"家庭收入"。家庭收入受父代消费 C_t 和子代收入 I_{t+1} 的影响，为了实现家庭效用最大化，由一阶条件可得：

$$\frac{\partial U / \partial C_t}{\partial U / \partial I_{t+1}} = 1 + r_t \qquad (3.12)$$

假设效用函数偏好一致，C_t 和 I_{t+1} 有相同的效用家庭收入弹性，那么就可以得到：

$$C_t = (1 - \alpha) S_t \qquad (3.13)$$

$$\frac{\omega_{t+1} y_t}{1 + r_t} = \alpha S_t - \frac{\omega_{t+1} e_{t+1}}{1 + r_t} - \frac{\omega_{t+1} u_{t+1}}{1 + r_t} \qquad (3.14)$$

其中，α 表示家庭收入中用于子代的人力资本投资的比重，子代收入 I_{t+1} 可以最终表示为：

$$\begin{aligned} I_{t+1} &= \alpha(1 + r_t) I_t + \alpha \omega_{t+1} e_{t+1} + \alpha \omega_{t+1} u_{t+1} \\ &= \beta_t I_t + \alpha \omega_{t+1} e_{t+1} + \alpha \omega_{t+1} u_{t+1} \end{aligned} \qquad (3.15)$$

式中，$\beta_t = \alpha(1 + r_t)$。通过式（3.15）可以得出，子代的总收入水平、子代基于个人禀赋获得的收入和子代基于自身运气获得的收入取决于父代收入中用于子代投资的比重 α，α 越大，子代基于个人禀赋和自身运气获得的收入就会越多。另外，子代收入水平与父代收入水平 I_t、子代的个人禀赋 e_{t+1} 和自身运气 u_{t+1} 有关。贝克尔和汤姆斯（1979）认为，父代可以通过三方面因素影响子代的个人禀赋：一是父代拥有的社会关系和声望；二是子代从父代继承的智力、能力、种族等基因特征；三是子代从父代获得的文化传承，如意志、信仰、目标等。

最重要的是，式（3.15）反映了子代收入和父代收入相关，二者的相关程度通过 β_t 体现，β_t 成为研究代际收入流动问题的最基本指标和关键所在。

代际收入流动理论打开了居民消费问题研究的全新维度，突出了存在代际关联的个体间的作用和影响。本书考察居民代际收入流动影响消费的传导路径及效应，其中必然要分析居民的代际收入流动情况。居民父代收入对子代收入产生影响的基本原理以及影响程度的测算方法，都源自贝克尔和汤姆斯的代际收入流动理论。依据代际收入流动理论，梳理居民代际间的互动关系，在此基础上进一步探讨居民的消费决策。

3.1.4　世代交叠模型（OLG）

世代交叠的概念最早由萨缪尔森（Sameulson）在 1958 年提出，戴蒙德于 1965 年在其基础上提出了较为成熟的世代交叠模型（OLG）。

模型考虑了人口的新老更迭，将人的一生分为两期：青年期与老年期。个体在青年期通过劳动获取收入，并将其收入在青年期的消费和储蓄之间分配，老年期没有劳动收入，消费来源是青年期的储蓄及其利息收入。因此，整个社会在第 t 期同时存在两代人：第 t 期出生的青年人和第 $t-1$ 期出生的、已经进入老年期的老年人。青年人和老年人相互交替，年老一代去世后，原来的青年人步入老年期，并有新的人口成为青年人。假设一个经济个体在青年期和老年期的消费分别为 C_t 和 C_{t+1}，其在青年期和老年期面临的预算约束为：

$$C_t + S_t = W_t \tag{3.16}$$

$$C_{t+1} = (1 + r_{t+1})S_t \tag{3.17}$$

式（3.16）中，W_t 为经济个体在其青年期获得的劳动收入，S_t 为个体在青年期的储蓄，r_{t+1} 表示 $t+1$ 期的利率水平。从生命周期的角度考虑，可将个体的效用函数表示为：

$$U(C_t, C_{t+1}) = u(C_t) + \beta \cdot u(C_{t+1}) \tag{3.18}$$

式（3.18）中，β 表示时间偏好率。在式（3.16）和式（3.17）的预算约束下，求个体效用最大化时的均衡解，可得：

$$u'(W_t - S_t) = \beta(1 + r_{t+1}) \cdot u'\big[(1 + r_{t+1})S_t\big] \tag{3.19}$$

结合储蓄函数可以推出经济个体在青年期和老年期的消费分别为：

$$C_t = W_t - S(W_t, r_{t+1}) \tag{3.20}$$

$$C_{t+1} = (1 + r_{t+1})S(W_t, r_{t+1}) \tag{3.21}$$

OLG 模型考察了存在青年人和老年人共存情形时经济个体的消费决策，为本书理论模型的构建提供了思路。本书在 OLG 模型的基础上，将个人生命分为三期：青年期、中年期和老年期，并基于代际收入流动的考虑，在模型中引入了代际财富转移和父代对子代的教育投入等代际因素，构建三期世代交叠模型。利用该模型分析存在代际影响时居民的消费决策，并进一步考察代际收入流动水平对居民消费倾向和消费结构的作用。

3.2 相关概念

3.2.1 收入流动

收入流动是指处于某一收入阶层的群体因其所拥有的收入份额发生变化而导致所处收入阶层发生的变化。"收入流动"与衡量收入分配公平程度的"基尼系数"指标有密切关联，一个国家或地区的基尼系数越高，则表示收入差距越悬殊，但如果在经济增长的同时维持较强的收入流动水平，则不会因为收入分配不均等影响国家的长期经济增长及社会稳定。

熊彼特（1955）提出的"宾馆模型"（The Hotel Model）最早将流动性概念引入收入分配问题的研究。该模型假设一所宾馆内有不同等级、不同质量的房间，每个住客依据自身的经济条件选择不同等级的房间入住，经过一段时间，随着住客收入水平的变化，其选择的房间位置和房间等级也会发生变化，这种变化就可以体现出收入流动状况。

研究收入流动具有重要的现实意义。较高的收入流动水平可以在一定程度上改善收入不平等的状况，减少不同收入阶层的社会矛盾，有助于缓解由于收入差距带来的各种经济和社会压力，以保持经济长期稳定增长。

3.2.2　代际收入流动

代际收入流动是指下一代（通常指子代）在总体收入分配中的位置相对于上一代（通常指父代）的变化。如果子代与父代处于同一收入等级或收入阶层，则可以认为此时子代和父代间未发生代际收入流动，在一定程度上存在阶层的固化；如果子代所处的收入等级高于父代，可以认为子代出现了代际收入向上流动；反之，如果子代所处的收入等级低于父代，则是发生了代际收入向下流动。

通常会采用一些代际收入相关性指标（如代际收入弹性、代际收入秩关联系数或代际转换矩阵等）来衡量代际收入流动水平的高低。代际收入相关性指标测度的是父代收入对其下一代收入水平的影响，或者说子代在收入分配中所处的位置在多大程度上受其父代收入的影响。代际收入相关性越高，子代收入对父代收入的依赖性越强，意味着代际收入流动水平越低，此时，由于机会不平等导致的社会收入不平等问题相对严重。

根据学者们已有的研究，影响代际收入流动水平的主要因素有人力资本、社会资源和财富传递三个方面。首先，人力资本是影响代际收入流动水平的主要的因素。父代的人力资本水平不仅会影响其对子代教育投资的重视程度，也会通过自身收入影响其对子代的教育投资能力。其次，父代的社会关系、职业地位等社会资源对代际收入流动也有着重要作用。最后，父代的财富积累对代际收入流动会产生深远影响，父代通过房产赠予、货币转移等方式，直接将自身积累的财富传递给子代，从而提高子代的收入水平或财富总量。

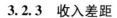

3.2.3　收入差距

收入差距是指收入在不同群体、不同阶层或不同个人之间分布不均匀的现象。具体表现有：城乡收入差距、区域收入差距和行业收入差距等。收入差距的扩大，有可能是教育收益率和要素贡献率提高的反映，也有可能是制度不健全或行业垄断、二元经济体制的体现。

收入差距可以从绝对和相对两个角度进行描述。绝对收入差距是指不同居民的人均收入之间存在的绝对数值上的差异。相对收入差距是用相同货币单位表示的人均收入比重或相对份额的差距。"绝对收入差距"这一指标在使用中存在明显缺陷：相同的绝对收入差距在不同的收入水平下，反映的收入差距严重程度是不同的，也就是说，绝对收入差距无法体现收入差距的程度。因此，对于收入差距的衡量，目前的学术研究主要从相对收入差距的角度进行测度和分析。

测度相对收入差距，除了极值差、极值比、标准差等常规统计指标之外，更为常用的是"基尼系数"指标。基尼系数是国际上通用的考察居民内部收入分配不平等状况的指标，由洛伦兹曲线推导而得。基尼系数是一个比例数值，其计算结果在 0~1 之间。基尼系数越大，意味着收入分配越不平等，整个国家或地区的贫富差距越大，反之基尼系数越小，收入分配则越平等，社会的贫富差距越小。除了基尼系数之外，还可以采用泰尔指数、库兹涅茨指标等方法来测度居民收入差距。在测度收入差距的基础上，还可以分解出影响收入差距的各变量对收入差距的贡献度，从而判断导致收入差距的主要原因。本书对于收入差距的描述，主要采用"基尼系数"这一指标。

3.2.4　人力资本和社会资本

人力资本主要指人们通过正规教育、培训、健康等投资方式所形成的资本。通常认为，人力资本的增长或提高，主要是依靠学校教育、职业培训以及健康投资等方式实现的。本书中的人力资本主要是指经济个体通过正规学校教育获得的资本存量。

社会资本是相对于经济资本和人力资本的概念，主要指人们在社会结构或社会网络中所处的位置给其带来的资源或能力。经济个体所拥有的社会关系、社会网络及其所处的社团、社区、职位等均可以影响其社会资本的大小。

3.3　本章小结

首先，本章阐述了写作的理论渊源，介绍了凯恩斯的绝对收入消费理论、莫迪利安尼和布伦贝格的生命周期消费理论、贝克尔和汤姆斯的代际收入流动理论以及戴蒙德的世代交叠模型（OLG），并说明了相关理论与本书理论模型之间的内在关联及不同之处。其次，为了避免出现由于概念原因导致的混淆和模糊问题，本章对文中涉及的主要概念含义进行了界定。

第4章

中国居民消费和代际收入流动现状

改革开放以来，中国经济实现了飞跃式发展，"中国奇迹"推动着我国成为世界第二大经济体。在国民经济水平快速提升的同时，我国居民的收入水平也在迅速提高，改革开放初期，我国人均 GDP 尚不足 200 美元，20 年后的 2000 年，我国人均 GDP 达到 960 美元，比改革开放初期增长了近 5 倍；2000 年之后，我国居民的收入水平增速进一步加快，2019 年人均 GDP 首次突破 10000 美元，达到 10200 美元。至 2020 年，即使受到新冠肺炎疫情的冲击，我国人均 GDP 也达到了 10500 美元，较 2000 年增长了 10 倍[1]。收入水平的快速增长，为我国居民消费的提升提供了基础和支撑，尤其是 2000 年之后，我国居民消费水平的增长速度年均超过 20%，居民的生活水平和生活质量都得到显著改善，居民消费也为经济、社会发展贡献了重要力量。但与此同时，我国居民消费一直存在消费率偏低的问题，虽然近 10 年有所缓解，但是总体上仍明显落后于其他国家乃至世界平均水平。

从宏观经济学的角度来看，居民消费属于私人行为，除了制度因素之外，必然与一国的文化、传统、习惯有着密切的关联。受传统文化的影响，中国人推崇集体主义而非个人主义，因此"大家庭"观念致使中国居民代际间表现出较强的粘连性，代际因素也对中国居民的消费决策产生明显作用。为了后面能更好地分析代际收入流动对我国居民消费

---

① 资料来源：世界银行官方网站，https：//data. worldbank. org. cn/。

的影响路径及效应，本章先具体讨论我国居民消费和代际收入流动的现状。

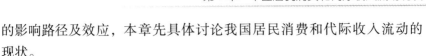

4.1　中国居民消费现状

消费在我国经济发展中具有举足轻重的地位。消费作为最终需求，是生产的最终目的，是拉动国民经济增长的重要动力，是人民对美好生活向往的直接体现，也是畅通国内经济大循环的重要环节。一国的最终消费可以分为居民消费和政府消费，而本书侧重讨论的是居民消费。描述我国居民消费的现状，可以通过绝对量指标和相对量指标予以具体体现。

4.1.1　衡量居民消费水平的相关指标

1. 绝对量指标

从绝对量角度衡量一个国家或者地区的居民消费水平，主要有总量和平均量两个层面的指标。

在总量指标方面主要采用"居民消费支出"概念，即一个国家或者地区在一定时期内居民用于购买最终消费品的支出总额。居民消费支出的规模和增速，可以在一定程度上衡量一个国家或地区居民整体的消费能力，以及消费作为社会总需求的重要组成部分对国民经济的带动作用。

在平均量方面主要采用"人均居民消费支出"的概念，即一个国家或者地区在一定时期内居民人均用于购买最终消费品的支出量，它等于一个国家的居民消费支出除以国民人口数。人均居民消费支出可以更好地体现居民生活水平的变化，以及人们物质、文化生活需要的满足程度。

2. 相对量指标

从相对量角度反映一个国家或地区的居民消费水平，主要使用消费倾向和消费结构指标。消费倾向可以分为边际消费倾向和平均消费倾向，边际消费倾向是指居民增加一单位可支配收入所带来的消费支出的变化量，等于消费变化量与可支配收入变化量的比值。平均消费倾向也常常被称为消费率，是指可支配收入中消费支出的占比。边际消费倾向和平均消费倾向的计算公式为：

$$MPC = \frac{\Delta C}{\Delta Y} \qquad (4.1)$$

$$APC = \frac{C}{Y} \qquad (4.2)$$

式（4.1）、式（4.2）中，C 表示居民消费支出，Y 表示居民可支配收入，MPC、APC 分别为边际消费倾向和平均消费倾向。消费倾向可以体现居民的消费意向或消费意愿，是判断一国消费增长潜力的重要依据。

除了消费倾向之外，消费结构也是衡量居民消费水平的重要相对量指标。消费结构是指居民消费总额中不同类别消费支出的比例，它能够反映居民消费的"质"，结合消费结构这一指标，可以判断当前居民消费是处于解决生存问题的阶段，还是处于提升生活品质或实现自我价值的阶段。

4.1.2　中国居民的消费水平及变化趋势

将以上指标与我国的宏观或者微观统计数据相结合，可以整体考察我国居民在各年份的消费情况，根据相关指标计算结果的变化总结我国居民消费的变化趋势，并进一步探讨其内在不足以及导致不足的原因。

1. 居民消费支出及人均居民消费支出

整体来看，新千年伊始时，我国居民消费支出规模尚不足 5 万亿元，到 2020 年，这一数值已经超过 38 万亿元。居民的消费支出在这 20 年间呈现明显上升趋势，并且扩张速度也在不断加快，平均年增速高达 36%，即使剔除价格因素，我国居民消费支出近 20 年的平均增速也超过了 20%（21.11%）[1]，远高于这一期间我国的经济增长速度。2020

---

[1]　按照国家统计局官方网站 2001～2020 年居民消费价格指数折算，https：//data. stats. gov. cn/index. htm。

年，在新冠肺炎疫情防控初期，不少行业停工停产，居民居家不外出，对居民消费产生了很大的影响，从而导致 2020 年居民消费并未出现明显增长，消费规模基本与 2019 年持平（见图 4 - 1）。

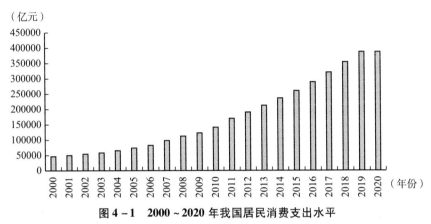

图 4 - 1　2000 ～ 2020 年我国居民消费支出水平

资料来源：国家统计局官方网站，https：//data. stats. gov. cn/index. htm。

居民消费支出的快速增长，充分反映了消费在国民经济中的主体地位日渐突出，对经济增长的贡献度不断加大。宏观统计数据显示，2018 年、2019 年，消费支出对我国经济增长的贡献率均超过 60%，其中居民消费支出的贡献则超过 40%①。

与居民总消费支出相似，我国居民人均消费支出也呈现快速上升的趋势（见图 4 - 2）。

人均消费支出的增长，不仅反映了我国居民消费能力的提升，更是反映了人民生活水平的提高和社会民生的改善。按 2010 年不变价美元单位统计，2000 年我国居民人均消费水平仅为 818 美元，至 2019 年，居民人均消费支出则是 2000 年的 5 倍，超过 4000 美元，年均增速达到 21.2%。世界银行统计数据所覆盖的国家和地区中，2000 ～ 2019 年中国人均居民消费水平的年均增速位居第一位（2000 ～ 2019 年人均居民消费支出存在数据缺失的国家和地区除外）。

---

①　由国家统计局官方数据计算得出，https：//data. stats. gov. cn/index. htm。

2010年不变价美元

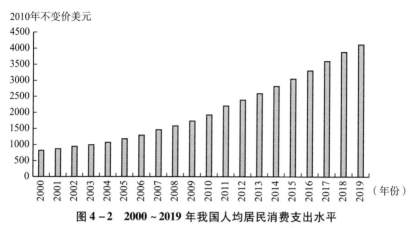

图4-2　2000～2019年我国人均居民消费支出水平

资料来源：世界银行官方网站，https：//data. worldbank. org. cn/。

　　我国居民人均消费支出虽然保持着较快的增长速度，但是从绝对水平来看，与世界其他主要国家仍存在明显的差距。本书选取美国、英国、法国、德国和日本作为发达国家的代表，选取南非、巴西、印度、俄罗斯金砖四国作为发展中国家的代表，选取波兰、捷克、希腊和葡萄牙作为中等发达国家的代表，对这些国家2019年居民人均消费支出水平和2000～2019年居民人均消费支出的年均增速情况进行横向比较（见图4-3）。

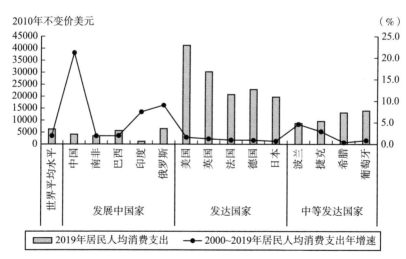

图4-3　居民人均消费支出及其增速的国别比较

资料来源：世界银行官方网站，https：//data. worldbank. org. cn/。

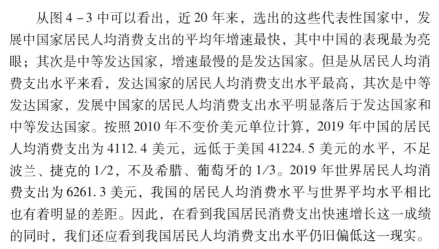

从图 4-3 中可以看出，近 20 年来，选出的这些代表性国家中，发展中国家居民人均消费支出的平均年增速最快，其中中国的表现最为亮眼；其次是中等发达国家，增速最慢的是发达国家。但是从居民人均消费支出水平来看，发达国家的居民人均消费支出水平最高，其次是中等发达国家，发展中国家的居民人均消费支出水平明显落后于发达国家和中等发达国家。按照 2010 年不变价美元单位计算，2019 年中国的居民人均消费支出为 4112.4 美元，远低于美国 41224.5 美元的水平，不足波兰、捷克的 1/2，不及希腊、葡萄牙的 1/3。2019 年世界居民人均消费支出为 6261.3 美元，我国的居民人均消费水平与世界平均水平相比也有着明显的差距。因此，在看到我国居民消费支出快速增长这一成绩的同时，我们还应看到我国居民人均消费支出水平仍旧偏低这一现实。

为了更全面地反映我国居民的消费现状和变化趋势，接下来选择用消费倾向和消费结构等相对指标对我国居民的消费水平进行描述。

2. 宏观居民消费倾向与微观居民消费倾向

从宏观层面，结合国家统计局、世界银行等权威机构公布的官方数据，可以测度居民的消费倾向。严格来讲，居民的消费倾向体现的是居民消费支出与其可支配收入之间的关系，但是由于国家统计局更换了调查范围、调查方法与口径，国家统计局官网中"居民可支配收入"这一指标的数据最早只能追溯到 2013 年，而世界银行的官方数据库中又没有"居民可支配收入"这一指标，因此为了加大时间跨度以更好体现我国居民消费倾向的变化趋势，也为了下面便于国别之间的比较，在用宏观数据测度居民的消费倾向时，本书选择用"GDP"这一指标代替"居民可支配收入"。另外，由于受新冠肺炎疫情影响，2020 年我国居民人均消费支出较之 2019 年有所下降，导致计算出的边际消费倾向值为负，存在异常，故未在书中体现 2020 年居民宏观边际消费倾向和平均消费倾向。

图 4-4 是用世界银行数据库数据计算的我国居民 2000~2019 年的宏观边际消费倾向。整体而言，我国居民的边际消费倾向呈现"U"形，但近几年又有下降的势头，从具体结果来看，除了 2011 年和 2017 年我国居民边际消费倾向超过 50% 之外，其余年份的边际消费倾向均低于 50%，这说明我国居民增加的收入中用于消费支出的占比不到一

半。边际消费倾向偏低意味着居民的消费意愿不强，不论是由于居民不愿消费还是由于居民不敢消费导致的边际消费倾向偏低，都会成为制约居民消费扩张的重要因素。

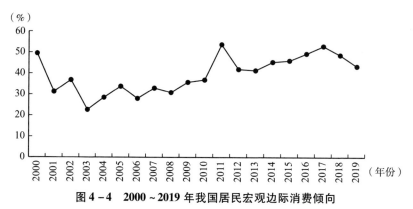

图 4 - 4　2000 ~ 2019 年我国居民宏观边际消费倾向

注：居民边际消费倾向 = (当年居民消费支出 - 上年居民消费支出)/(当年 GDP - 上年 GDP)。数据来源于世界银行官方网站，https：// data. worldbank. org. cn/。

在本书导论部分已经提及，近 20 年，我国居民的消费率水平也呈现"U"形的变化趋势，尤其是 2010 年至今，居民平均消费倾向逐年上升。但总体而言，我国居民消费支出占 GDP 的比重并不高，在一路上扬的情况下，至 2018 年、2019 年，我国居民消费率也仅仅接近 40% 。与上面选出的代表性发达国家、中等发达国家和发展中国家相比，我国的居民消费率水平明显偏低，具体如图 4 - 5 所示。

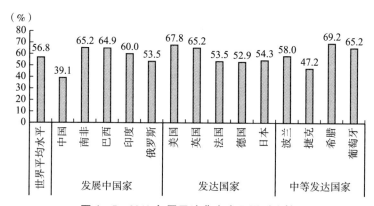

图 4 - 5　2019 年居民消费率水平国别比较

资料来源：由世界银行官方数据库数据计算得出。https：// data. worldbank. org. cn/。

2019 年我国居民消费率为 39.1%，甚至未达到世界平均水平，同年度居民消费率的世界平均水平为 56.8%。与其他不同收入水平的国家相比，也能看到这一差距。在上面选取的发达国家代表中，美、英、法、德、日五国在 2019 年居民消费率均超过 50%，其中美国的居民消费率为 67.8%，德国的居民消费率最低，但也超过我国 13 个百分点，达到 52.9%；选取的中等发达国家代表中，2019 年居民消费率最高的是希腊，其居民消费率水平达到 69.2%，捷克的居民消费率水平相对较低，为 47.2%；在金砖国家中，我国的居民消费率远低于其他四国，南非、巴西、印度、俄罗斯的居民消费率均在 50% 以上，南非、巴西、印度甚至超过 60%。

　　以上主要利用世界银行公布的数据从宏观层面对居民消费倾向进行测算，除此之外，还可以使用微观数据，从家庭的角度考察居民的边际消费倾向，探讨居民的消费意愿。结合微观数据甚至可以从城乡、省份、年龄等不同层面比较居民消费倾向的差异。

　　根据传统消费理论，用家庭收入和家庭消费支出对式（4.3）进行估计，便可以大致测算我国居民家庭的边际消费倾向。式（4.3）中，C 表示家庭的年消费支出，Y 表示家庭的年收入水平，age 表示年龄，edu 表示受教育程度，$prov$ 表示居民所处省份，$asset$ 表示居民的家庭净财产，式中 a_1 即为边际消费倾向。

$$C = a_0 + a_1 Y + a_2 age + a_3 edu + a_4 prov + a_5 asset + \varepsilon \qquad (4.3)$$

　　本书使用中国家庭追踪调查（CFPS）数据库[①]中的成人库和家庭库数据，该数据库在 2010 年、2012 年、2014 年、2016 年和 2018 年分别从我国 20 多个省份中抽取了 35000 余个个体和 13000 余个家庭，详细统计了这些个体年龄、职业、教育、工作等方面的具体信息和家庭的收入支出情况。通过个人编码和家庭编码完成成人库和家庭库的数据对接，并删除了相关数据存在缺失的样本，同时，为了剔除极端值对估计结果的影响，对各年份的家庭收入和家庭消费支出两个变量进行了 2% 的双侧缩尾处理，最终得到 2010 年、2012 年、2014 年、2016 年和 2018 年的有效样本数分别为 31275 个、29373 个、21420 个、25022 个和 32071 个。用各年份的样本数据，结合式（4.3），估计居民的微观边

---

　　① 资料来源：北京大学中国调查数据资料库—中国家庭追踪调查（CFPS），https：//opendata. pku. cn/dataverse/CFPS。

际消费倾向，具体结果如表 4 – 1 所示。

表 4 – 1 　　　　　　　2010 ~ 2018 年我国居民微观边际消费倾向

变量	因变量：居民家庭消费支出（C）				
	2010 年	2012 年	2014 年	2016 年	2018 年
Y	0. 425 *** (74. 04)	0. 378 *** (37. 33)	0. 428 *** (69. 15)	0. 455 *** (71. 33)	0. 422 *** (101. 57)
age	– 62. 025 *** (– 6. 46)	– 45. 226 ** (– 2. 49)	– 151. 407 *** (– 8. 53)	– 243. 012 *** (– 13. 64)	– 96. 731 *** (– 5. 73)
edu	1654. 513 *** (13. 58)	3395. 091 *** (14. 33)	2409. 900 *** (3. 23)	2462. 636 *** (8. 71)	1260. 429 *** (7. 91)
$prov$	– 30. 268 *** (– 3. 17)	93. 246 *** (5. 35)	23. 863 (1. 34)	58. 793 *** (3. 24)	42. 498 ** (2. 57)
$asset$	0. 006 *** (34. 16)	0. 013 *** (42. 37)	0. 000 *** (4. 15)	0. 002 *** (13. 23)	0. 004 *** (27. 36)
_cons	9816. 514 *** (12. 76)	6542. 467 *** (3. 34)	2. 5e + 04 *** (12. 08)	3. 0e + 04 *** (27. 62)	2. 3e + 04 *** (18. 01)
N	31275	29373	21420	25022	32071
$r2\_a$	0. 275	0. 175	0. 199	0. 251	0. 346
F	2369. 835	888. 203	759. 735	1681. 173	3389. 027

　　注：小括号内为回归系数的 t 值，＊、＊＊、＊＊＊分别表示 10%、5% 和 1% 的置信水平上显著。

　　从表 4 – 1 的结果中可以看出，我国居民的家庭边际消费倾向在 0. 4 左右，即家庭收入的增量中约有 40% 的比重用于增加消费支出，这与宏观数据测算的结果基本一致。回归结果还显示，居民的家庭消费支出规模与家庭成员的年龄显著负相关，与居民的受教育程度和家庭净财产显著正相关，即年轻人有着更高的消费支出，文化水平较高、家庭财富积累较多，家庭的消费支出也较高。

　　3. 消费结构

　　居民消费支出和消费倾向可以整体判断居民的消费规模和消费意愿，但是无法展示居民消费的内在构成。居民消费的提升既要体现为量的增长，更要体现为质的提高。按照居民所购买商品或服务的用途划分，国家统计部门将居民消费分为食品、衣着、居住、生活用品及服务、医疗保健、交通通信、文教娱乐和其他八大类。此处计算了 2013 年、2016 年和 2019 年我国居民人均消费支出中各类消费支出的占比情况，如图 4 – 6 所示。

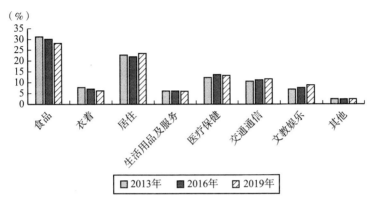

图 4 – 6　2013 年、2016 年和 2019 年我国居民消费结构

资料来源：由国家统计局官方数据计算得出。

　　从图 4 – 6 中可以看出，在我国居民的消费支出中，食品支出的占比最高，约为 30%，其次是居住类支出，占比超过 20%。从变化趋势来看，食品、衣着支出在居民消费支出中的比重逐步下降，医疗保健、交通通信和文教娱乐支出在居民消费支出中的占比呈上升的趋势。如果把食品、衣着、居住、生活用品及服务等方面的消费归于生存型消费，把医疗保健、交通通信和文教娱乐等方面的消费归于发展享受型消费，图 4 – 6 中居民各类消费支出占比的变化趋势则可以在一定程度上证明我国居民消费不断升级这一事实。

　　与此同时，我们还可以看到，我国居民的消费支出仍以生存型消费为主，在居民的消费支出中，生存型消费约占居民消费支出的 60%，而西方发达国家居民消费中生存型消费和发展享受型消费的占比大致相当。当国民经济处于高质量发展阶段时，发展享受型消费赋能经济增长和经济高质量发展的作用将更加突出，很显然，未来我们仍需在提高居民消费水平的同时，进一步优化居民的消费结构，提高发展享受型消费的占比，为国内大循环和国民经济高质量发展注入更强动力。

4.2 中国居民代际收入流动现状

4.2.1 居民代际收入流动水平的测度方法

1. 代际收入弹性（log – log）

根据贝克尔和汤姆斯（1979）的理论模型，代际收入流动可以采用子代对父代收入水平的弹性来测量。在测算代际收入弹性时，根据索伦于 1992 年的模型设计，在子代收入与父代收入对数线性模型中，加入了子代年龄和父代年龄及年龄的平方值，以控制年龄因素对估计结果的影响。

$$\ln Y_1 = b_0 + b_1 \ln Y_0 + b_2 age_1 + b_3 age_1^2 + b_4 age_0 + b_5 age_0^2 + \varepsilon_1 \quad (4.4)$$

式（4.4）中，Y_1 为子代持久收入水平，Y_0 为父代持久收入水平，age_1、age_0 分别表示子代和父代的年龄，b_1 则是代际收入弹性，ε_1 为误差项。代际收入弹性越小，说明子代收入对父代收入的依赖越小，或者说父代收入对子代收入的影响越小，此时代际收入流动水平越高，反之代际收入流动水平越低。

但在模型的实际应用中，以下两方面问题可能会导致模型测算结果出现一定的误差：一是从数据的获取来看，模型中的收入水平应使用子代和父代的持久性收入，但是父代和子代的持久性收入数据很难得到，目前学者们通常都是以某一年份的收入水平来代替持久收入，或者以多期收入的平均值来代替持久收入水平；二是即使采用某一年份的收入或者多期收入的平均值作为替代，子代收入和父代收入的对数值未必会呈现出较好的线性关系。

2. 代际收入秩关联系数（rank-rank）

达尔和迪莱尔（Dahl and Deleire，2008）的研究显示，虽然父代的收入水平和子代收入水平的对数值未必能呈现较好的线性关系，但是父代在同代人中的收入位次和子代在同代人中的收入位次之间却呈现出明显的线性关系。基于此，可以用如下模型来表示这一线性关系：

$$rank_1 = \alpha + \beta_1 rank_0 + \beta_2 age_1 + \beta_3 age_1^2 + \beta_4 age_0 + \beta_5 age_0^2 + v_1 \quad (4.5)$$

式（4.5）中，$rank_1$ 为子代在同代人中的收入位次，$rank_0$ 为父代在同代人中的收入位次，age_1、age_0 分别表示子代和父代的年龄，β_1 则是代际收入秩关联系数，v_1 为误差项。

代际收入秩关联系数模型中，虽然核心解释变量和被解释变量之间有着较好的线性关系，但也有一定的不足。首先，该模型是以子代或者父代在同代人中的收入位次不发生变化为前提条件的，也就是说，该模型未考虑代内收入等级的流动问题；其次，虽然代际收入秩关联系数也可以体现代际收入流动程度，但是不如代际收入弹性表现得那么直观。

3. 代际转换矩阵及惯性率、亚惯性率和平均阶差

转换矩阵是衡量收入流动水平的重要工具。采用阿特金森（Atkinson，1992）构建的双随机 $n \times n$ 阶矩阵：

$$P(x, y) = \left[p_{ij}(x, y) \right] \in R_+^{n \times n} \quad (4.6)$$

在分析代际收入流动时，向量 $x = (x^1, x^2, \cdots, x^n) \in R_+^n$ 表示父代收入分布，向量 $y = (y^1, y^2, \cdots, y^n) \in R_+^n$ 表示子代收入分布，$p_{ij}(x, y)$ 表示相对于父代收入处于第 i 收入等级，其子代收入处于第 j 收入等级的概率，p_{ij} 的取值范围为 $0 \sim 1$，矩阵中各行或各列之和等于1。

以收入水平五等分为例，代际转换矩阵的表现形式如下：

$$P = \begin{pmatrix} p_{11} & p_{12} & p_{13} & p_{14} & p_{15} \\ p_{21} & p_{22} & p_{23} & p_{24} & p_{25} \\ p_{31} & p_{32} & p_{33} & p_{34} & p_{35} \\ p_{41} & p_{42} & p_{43} & p_{44} & p_{45} \\ p_{51} & p_{52} & p_{53} & p_{54} & p_{55} \end{pmatrix} \quad (4.7)$$

矩阵中 p_{15} 表示父代处于第 1 收入等级，而子代处于第 5 收入等级的概率，其中较高的收入等级对应较高的收入水平。如果子代和父代处于相同的收入水平，则说明同父代相比，子代未发生代际收入流动；如果子代的收入等级高于父代，这说明子代出现了代际收入向上流动；如果子代的收入等级低于父代，则说明子代发生了代际收入向下流动。结合上面的矩阵可知，矩阵主对角线上的元素值表示子代未发生代际收入流动的情况，右上方的元素值表示子代发生代际收入向上流动的情况，

而左下方的元素值表示子代发生代际收入向下流动的情况。

结合代际转换矩阵的结果，可以计算出代际收入流动的惯性率、亚惯性率和平均阶差，以进一步分析居民收入的代际流动情况。其中，代际收入流动惯性率衡量子代与父代处于同一收入等级或者同一社会阶层的可能性，为代际转换矩阵对角线元素的算术平均值。代际收入流动惯性率越大，说明子代和父代处于同一收入阶层的可能性越大，其计算公式为：

$$M_1 = \frac{1}{n} \sum_{i=1}^{n} p_{ii} \qquad (4.8)$$

其中，n 为收入等级数。

代际收入流动亚惯性率衡量子代与父代处于同一收入等级或者相近收入等级的可能性，为代际转换矩阵中对角线元素和其上下两条平行斜线元素的加总求和，再除以收入等级数。代际收入流动亚惯性率越大，说明子代即使发生代际收入流动，也是围绕父代阶层的小幅度变化，收入阶层的大幅度跨越式流动概率较低，此时社会的代际收入流动水平较低。其计算公式为：

$$M_2 = \frac{1}{n} \sum_{i=1}^{n} \sum_{j=i-1}^{i+1} p_{ij} \qquad (4.9)$$

其中，n 为收入等级数。

代际收入流动平均阶差为代际转换矩阵中的各元素以收入等级转移的绝对值为权重，加权求和后再除以收入等级数。代际收入流动平均阶差越大，说明子代脱离父代所在阶层，实现阶层跨越的可能性越大，此时社会的代际收入流动水平较高。其计算公式为：

$$M_3 = \frac{1}{n} \sum_{i=1}^{n} \sum_{j=1}^{n} p_{ij} |i - j| \qquad (4.10)$$

其中，n 为收入等级数。

代际收入流动的惯性率（M_1）、亚惯性率（M_2）和平均阶差（M_3）三个指标，惯性率 M_1 和亚惯性率 M_2 的值越大，意味着社会的代际收入流动水平越低，反之则意味着社会的代际收入流动水平越高；与之不同的是，平均阶差 M_3 的值越大，意味着社会的代际收入流动水平越高，M_3 的值越小，则意味着社会的代际收入流动水平越低。

代际收入弹性和代际收入秩关联系数测度代际收入流动水平，衡量的是相对意义上的代际收入流动，而代际转换矩阵衡量的则是绝对意义上的代际收入流动。代际转换矩阵可以通过对样本原始数据的加工直接获得，无须进行回归估计，故而不存在估计误差，因此可以在一定程度上避免由于样本量过少而导致的代际收入弹性和代际收入秩关联系数的估计偏误问题。

4.2.2　中国居民代际收入流动水平与变化趋势

1. 数据来源及变量说明

本部分所使用的微观数据同样来自中国家庭追踪调查（CFPS）数据库①中 2010 年、2012 年、2014 年、2016 年和 2018 年家庭库、成人库和家庭关系库数据，根据个人编码、父亲编码和母亲编码将子代和父母的数据进行匹配，完成代际连接，并进行初步整理。

以往学者们在估计代际收入弹性时，通常选择使用父亲的收入水平来代表父代收入。但是考虑到当前社会有相当一部分家庭，母亲也有工作和收入，是家庭经济的重要组成，所以本书选择用"父代家庭收入"来代表父代的收入水平。

根据式（4.4），代际收入弹性模型中的收入水平应使用子代或父代的持久收入，但本书使用 CFPS 数据库为混合截面数据（非面板数据），因此无法直接或间接得出持久收入。另外，数据库中满足全部年份个人或家庭追踪调查条件的样本数量也较少，样本数量过少会导致模型估计结果出现较大偏误，因此也无法用个人多年收入的平均值来代替其持久收入。因此，本书选择用各年份的子代和父代的收入水平来代替模型中的持久收入。

海德和索伦（Haider and Solon，2006）的研究发现，个人在 30～40 岁期间的收入最接近其持久收入水平。因此，兼顾样本数量的同时，为了尽量让时间点的收入数据接近持久收入水平，以减少估计误差，书中将子代的年龄限制在 25～40 岁，并剔除子代处于读书阶段的样本。但鉴于子代和父代之间必然存在的年龄差距，子代年龄限制在 25～40 岁，将导致父代年龄必然会高于这一区间，因此样本中的父代收入水平

---

①　资料来源：北京大学中国调查数据资料库—中国家庭追踪调查（CFPS）https：//opendata. pku. edu. cn/dataverse/CFPS。

将会与其持久收入水平存在一定偏差，为了尽量解决这一问题，笔者在对数据进行处理时，删除了父代年龄超过 70 岁的样本。即便如此，也仍旧存在使用单年收入代替持久收入而产生的向下偏误问题，后文使用的 2SLS 估计方法也可以对此进行一定程度纠正。

另外，在数据处理时，还删除了子代或父代年龄缺失、子代个人年收入和父代家庭收入低于 500 元的样本，以及其他所需变量中存在空白项和无效数据的样本，最终获得有效配对样本 3524 组（见表 4 – 2 和表 4 – 3）。

表 4 – 2　　　　　　　　　　　　　　变量说明

变量性质	变量	指标含义	构建方法
被解释变量	Y_1	子代收入水平	子代过去 12 个月获得的全部收入（元）
	$rank_1$	子代收入等级	子代收入从低到高排序后分 100 等份并赋等级位序值
解释变量	Y_0	父代收入水平	过去 12 个月父母全部收入的加总（元）
	$rank_0$	父代收入等级	父代收入从低到高排序后分 100 等份并赋等级位序值
控制变量	age_1	子代年龄	子代年龄（岁）
	age_0	父代年龄	父亲年龄（岁）

表 4 – 3　　　　　　　　　　　　　主要变量描述性统计

变量	观察值	均值	标准差	最小值	最大值
Y_1	3524	39829.43	46524.81	500	1200000
Y_0	3524	32275.83	37186.38	500	750000
$rank_1$	3524	50.498	28.911	1	100
$rank_0$	3524	50.498	28.911	1	100
age_1	3524	29.667	3.921	25	40
age_0	3524	56.003	28.911	42	70

2. 代际收入弹性估计

为了让各年份的收入水平具有可比性，使用 CPI 指数对各年份的子代、父代收入水平进行处理，将其统一折算为 2018 年的收入水平。同时，考虑到已有研究中，学者们主要采用 OLS 和 IV 方法估计代际收入弹性的大小，因此，本书用整理好的多年混合样本数据，在控制年份虚拟变量的基础上，根据式（4.4），对中国居民 2010～2018 年的总体代际收入弹性先进行 OLS 估计，然后再将父代的职业社会地位[①]（$isei_0$）和父代的受教育程度（edu_0）作为父代收入水平（Y_0）的工具变量，进行 2SLS 估计，再分别估计 2010 年、2012 年、2014 年、2016 年和 2018 年各年份的代际收入弹性，估计结果如表 4-4、表 4-5 所示。

表 4-4　　　　　　　2010～2018 年代际收入弹性测算（OLS）

| 变量 | 因变量：子代收入对数值 $\ln Y_1$ | | | | | |
	2010～2018 年混合样本	2010 年	2012 年	2014 年	2016 年	2018 年
$\ln Y_0$	0.268 *** (16.72)	0.363 *** (11.73)	0.174 *** (7.89)	0.228 *** (4.67)	0.137 ** (2.19)	0.106 *** (4.04)
age_1	-0.005 *** (-5.52)	-0.007 *** (-3.54)	-0.005 *** (-3.05)	-0.000 (-0.20)	-0.005 (-1.21)	-0.002 (-1.23)
age_0	0.000 (1.23)	0.001 (1.11)	0.001 (1.23)	-0.000 (-0.06)	-0.000 (-0.08)	-0.001 (-1.30)
age_1^2	0.353 *** (5.68)	0.458 *** (3.62)	0.292 *** (2.86)	0.017 (0.11)	0.334 (1.32)	0.143 (1.34)
age_0^2	-0.036 (-1.12)	-0.110 (-1.04)	-0.059 (-0.96)	0.016 (0.23)	0.011 (0.10)	0.126 (1.35)
_cons	2.939 *** (2.68)	1.702 (0.56)	5.433 *** (2.86)	7.167 *** (2.63)	3.093 (0.72)	3.463 (1.46)
年份控制	Y	N	N	N	N	N
N	3524	745	1055	336	272	1116

---

①　书中选择用国际社会经济地位指数（ISEI）作为衡量个体综合社会地位的指标，ISEI 取值越大，表明个人的社会经济地位越高。CFPS 数据库中，2010 年、2016 年和 2018 年原始数据中包含个人职业的 ISEI 值，2012 年和 2014 年的原始数据中只有中国标准职业代码（ISCO88），2012 年和 2014 年的个人职业的 ISEI 值是由中国标准职业代码换算得出。

变量	因变量：子代收入对数值 lnY_1					
	2010~2018 年混合样本	2010 年	2012 年	2014 年	2016 年	2018 年
$r2\_a$	0.101	0.165	0.068	0.053	0.015	0.019
F	65.001	30.389	16.452	4.745	1.833	5.396

注：小括号内为回归系数的 t 值，*、**、*** 分别表示 10%、5% 和 1% 的置信水平上显著。

表 4 – 5　　　　2010~2018 年代际收入弹性测算（2SLS）

变量	因变量：子代收入对数值 lnY_1					
	2010~2018 年混合样本	2010 年	2012 年	2014 年	2016 年	2018 年
lnY_0	0.373 *** (9.08)	0.470 *** (7.05)	0.211 *** (4.22)	0.324 * (1.65)	0.280 (1.57)	0.181 ** (2.18)
age_1	−0.006 *** (−5.45)	−0.007 *** (−3.60)	−0.006 *** (−3.43)	0.001 (0.49)	0.437 (1.38)	−0.003 (−1.60)
age_0	0.001 (1.59)	0.001 (1.47)	0.001 (1.45)	0.000 (0.06)	−0.069 (−0.51)	−0.001 (−0.63)
age_1^2	0.365 *** (5.63)	0.473 *** (3.71)	0.344 *** (3.23)	−0.095 (−0.51)	−0.007 (−1.29)	0.197 * (1.76)
age_0^2	−0.061 (−1.47)	−0.148 (−1.37)	−0.071 (−1.15)	0.010 (0.13)	0.001 (0.55)	0.070 (0.67)
_cons	2.351 * (1.82)	1.502 (0.49)	4.709 ** (2.37)	3.831 (0.79)	0.077 (0.01)	3.397 (1.37)
年份控制	Y	N	N	N	N	N
N	3326	745	978	315	256	1032
$r2\_a$	0.102	0.152	0.070	−0.244	−0.098	0.016
F	24.935	12.679	8.220	0.651	1.207	3.080

注：小括号内为回归系数的 t 值，*、**、*** 分别表示 10%、5% 和 1% 的置信水平上显著。

表 4 – 6 中是工具变量有效性的检验结果，弱工具变量的检验结果

显示，混合样本以及各年份的 F 值均大于 10，而且有限信息最大似然
估计（LIML）的结果与表 4-5 中 2SLS 的估计结果相当接近，因此可
以判断"不存在弱工具变量"；另外，过度识别检验（Sargan）的结果
显示，混合样本以及各年份的 p 值均大于 0.05；内生性检验（Endoge-
neity test）的 p 值也明显大于 0.05，因此可以判断，工具变量不存在过
度识别和内生性问题。故而，选择将父代的职业社会地位和父代的受教
育程度作为工具变量是有效的，表 4-5 的估计结果具有可信度。

表 4-6　　　　　　　　　　工具变量有效性检验结果

	2010~2018 年混合样本	2010 年	2012 年	2014 年	2018 年
Weak identification test（F 值）	144.764	102.540	123.130	52.682	61.617
Sargan statistic（p 值）	0.1056	0.2643	0.5661	0.7380	0.6344
Endogeneity test（p 值）	0.1027	0.0681	0.3842	0.7380	0.3845
LIML 估计	0.373 ***	0.471 ***	0.211 ***	0.534 *	0.181 **

注：2016 年 2SLS 估计结果不显著，所以未列出工具变量有效性检验结果。

　　表 4-4 中 OLS 估计结果显示，无论是混合样本还是各年份样本，
回归结果中父代收入对数的系数均显著为正。2010~2018 年，中国居
民的整体代际收入弹性为 0.268，父代收入上升 1%，会引起子代收入
上升约 0.27%。具体到各年份，2010 年、2012 年、2014 年、2016 年和
2018 年的代际收入弹性分别为 0.363、0.174、0.228、0.137、0.106。
　　表 4-5 呈现了 2SLS 估计结果，混合样本和各年份样本中，除了
2016 年之外，父代收入对数的系数值均显著为正，2010~2018 年，中
国居民的整体代际收入弹性为 0.373，具体到各年份，2010 年、2012
年、2014 年和 2018 年的代际收入弹性分别为 0.470、0.211、0.324、
0.181。整体来看，对代际收入弹性的 2SLS 估计结果和 OLS 估计结果存
在一定差异，2SLS 估计结果普遍高于 OLS 估计结果。但是通过两种方
法估计出的代际收入弹性却呈现出一致的变化趋势。虽然呈起伏状，但
总体而言，我国居民代际收入弹性在逐步下降，这也意味着子代收入对
父代收入的依赖性逐步减弱，我国居民的代际收入流动水平不断提高。
　　陈琳利用中国城镇家庭收入调查数据（CHIP）估算我国 1998~

2002 年的代际收入弹性值为 0.4；杨亚平和施正政基于中国家庭追踪调查（CFPS）2010 年的数据，估算中国的代际收入弹性约为 0.339；杨沫、王岩采用中国健康与营养调查数据（CHNS）数据，测算我国居民 2011 年和 2015 年代际收入弹性值分别为 0.315 和 0.266。在代际收入弹性的测算中，不同微观数据库、不同年份以及估计方法的选择，均可能使估算结果出现差异。但总体来看，本书对代际收入弹性的估计与学者们的测算结果基本一致，也反映出我国居民收入存在明显的代际关联。

考虑到子代收入和父代收入的对数值可能无法呈现较好的线性关系，采用王伟同等（2019）的方法，将各年份样本的父代收入从低到高排序后划分为 100 等份，计算每份平均值的对数，子代收入也做同样的处理，然后画出各年份父代收入均值对数和子代收入均值对数的散点图和拟合曲线，如图 4 - 7 所示。

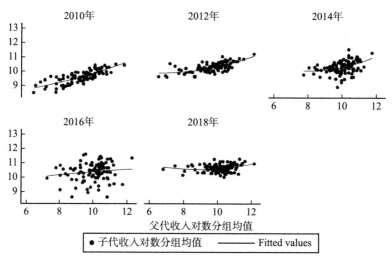

图 4 - 7　各年份父代收入水平和子代收入水平的关系

为了更好地进行比较，将父代收入由低到高排序分为 100 等份，并进行等级位序赋值（1 ~ 100），子代收入也进行同样的等级位序赋值，然后根据父代的等级位序分组，计算各组子代等级位序的平均值，画出父代收入位序和子代收入位序均值的散点图和拟合曲线，如图 4 - 8 所示。

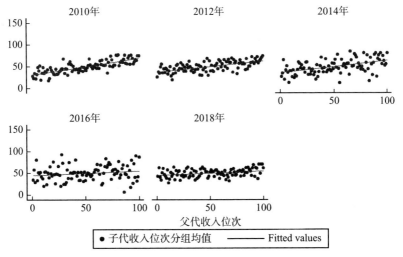

图 4 - 8　各年份父代收入位次和子代收入位次的关系

比较图 4 - 7 和图 4 - 8 可以发现，子代收入等级位序和父代收入等级位序之间比子代收入水平和父代收入水平间呈现出更为明显的线性关系。因此，结合式（4.5），测算我国居民的代际收入秩关联系数，以期更全面反映我国居民的代际收入流动水平及其变化趋势。

3. 代际收入秩关联系数估计

表 4 - 7 的结果显示，无论是混合样本还是各年份样本，父代收入等级对子代收入等级均存在显著的正向影响。2010 ~ 2018 年，中国居民的整体代际收入秩关联系数为 0.242，具体到各年份，2010 年、2012 年、2014 年、2016 年和 2018 年的代际收入秩关联系数分别为 0.451、0.222、0.308、0.168、0.148。总体来看，我国居民代际收入秩关联系数逐步下降，这也意味着子代对父代收入等级位序的依赖性逐步减弱。

表 4 - 7　　　　　　2010 ~ 2018 年代际收入秩关联系数（*rank-rank*）

| 变量 | 因变量：子代收入等级 $rank_1$ | | | | | |
	2010 ~ 2018 年混合样本	2010 年	2012 年	2014 年	2016 年	2018 年
$rank_0$	0.242 *** (14.61)	0.451 *** (12.66)	0.222 *** (7.61)	0.308 *** (5.84)	0.168 ** (2.04)	0.148 *** (4.72)

变量	因变量：子代收入等级 $rank_1$					
	2010~2018年混合样本	2010年	2012年	2014年	2016年	2018年
age_1	−0.139 *** (−4.58)	−0.221 *** (−3.77)	−0.189 *** (−3.49)	−0.029 (−0.30)	−0.081 (−0.63)	−0.049 (−0.80)
age_0	0.007 (0.70)	0.035 (1.30)	0.030 * (1.66)	−0.015 (−0.60)	−0.005 (−0.16)	−0.031 (−1.06)
age_1^2	8.643 *** (4.57)	14.084 *** (3.83)	11.202 *** (3.30)	1.392 (0.23)	6.083 (0.77)	3.344 (0.87)
age_0^2	−0.467 (−0.40)	−3.760 (−1.23)	−2.865 (−1.41)	2.032 (0.76)	0.491 (0.14)	3.994 (1.19)
_cons	−90.639 ** (−2.48)	−92.847 (−1.05)	−58.324 (−0.93)	−45.276 (−0.43)	−74.300 (−0.55)	−137.473 (−1.62)
年份控制	Y	N	N	N	N	N
N	3524	745	1055	336	272	1116
r2_a	0.063	0.190	0.067	0.087	0.010	0.024
F	48.552	35.811	16.127	7.397	1.557	6.462

注：小括号内为回归系数的 t 值，*、**、*** 分别表示10%、5%和1%的置信水平上显著。

为了将代际收入弹性和代际收入秩关联系数的估计结果进行更直观的比较，图4-9根据估计结果画出了2010~2018年代际收入弹性（OLS估计结果）与代际收入秩关联系数变化趋势。从图4-9中可以看出，不同年份的代际收入秩关联系数值和代际收入弹性值存在一定的差别，各年的代际收入秩关联系数值均高于代际收入弹性值。但从整体变化趋势看来，代际收入秩关联系数和代际收入弹性的变化趋势完全一致，虽有小的起伏，但总体呈现下降的趋势，从而进一步验证了我国居民整体代际收入流动水平逐渐提高这一结论。

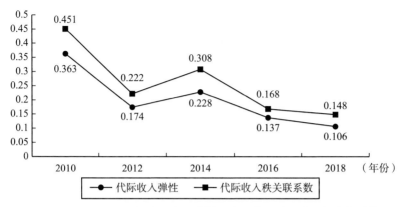

图 4 - 9　2010 ~ 2018 年代际收入弹性及代际收入秩关联系数变化趋势
资料来源：根据表 4 - 4 和表 4 - 7 的估计结果绘制。

4. 代际收入流动惯性率、亚惯性率和平均阶差

代际收入流动惯性率、亚惯性率和平均阶差的测算需要在代际转换矩阵的基础上完成，因此要对子代和父代的收入等级进行划分，一般分为五个等级。将各年样本的父代收入从低到高排序后进行五等分，并赋值 1 ~ 5，对子代收入也做同样的处理，然后计算出子代父代各等级组合的样本数，并进一步计算出其在该组别中的占比，进而获得混合样本及各年份的代际转换矩阵。根据对应的代际转换矩阵，求得代际收入流动惯性率（M_1）、亚惯性率（M_2）和平均阶差（M_3）的结果如表 4 - 8 所示。

表 4 - 8　　　代际收入流动惯性率、亚惯性率和平均阶差

年份	惯性率 M_1	亚惯性率 M_2	平均阶差 M_3
2010 ~ 2018 年混合样本	26%	60.2%	1.397
2010 年	32.8%	67.9%	1.133
2012 年	25.7%	60.2%	1.357
2014 年	26.5%	60.5%	1.315
2016 年	25%	57.6%	1.433
2018 年	21.1%	55.7%	1.498

表4-8的统计结果显示，代际收入流动惯性率（M_1）和亚惯性率（M_2）在2010年分别为32.8%和67.9%，2012年的测算结果分别为25.7%和60.2%，呈现下降的趋势；两个指标在2014年的测算结果为26.5%和60.5%，较之2012年略有上升；2016年的结果分别为25%和57.6%，2018年为21.1%和55.7%，2014~2018年惯性率和亚惯性率继续呈下降态势。虽然这两项指标在2014年略有反弹，但整体来看，2010~2018年，惯性率和亚惯性率是逐步下降的，这也意味着我国居民的代际收入流动水平不断提升。

2010年，平均阶差（M_3）的测算结果为1.133，该指标在2012年的结果为1.357，比2010年有所提高；虽然在2014年平均阶差的测算结果有所下降，但是在随后的2016年和2018年，其测算结果为1.433和1.498，继续维持上升的趋势，这同样也证明了我国居民代际收入流动水平的逐步提升。

通过表4-8中代际收入流动惯性率、亚惯性率和平均阶差的结果得出的2010~2018年我国居民代际收入流动性的变化趋势，与上文代际收入弹性和代际收入秩关联系数所反映的趋势完全一致。

4.3　本章小结

本章主要分析了我国居民消费和代际收入流动的现状。

从居民消费支出规模、消费率（消费倾向）和消费结构等方面对我国居民消费情况进行了纵向和横向比较。从消费支出规模来看，2020年，我国居民消费支出达到38.7万亿元，居民人均消费支出为27600元。近20年，我国整体居民消费支出以及人均居民消费支出水平呈现明显上升趋势，年均增速均超过20%。消费支出的增长，不仅反映了我国居民消费能力的提升，更反映了人民生活水平的提高和社会民生的改善。但是，我国居民的消费支出水平与世界其他主要国家相比仍存在一定的差距。我国目前的居民人均消费支出明显低于世界平均水平，仅为美国的1/10，约为英、法、德、日等发达国家的1/5，约占波兰、捷克、希腊、葡萄牙等中等发达国家的1/3。从居民消费率来看，2019年我国的居民消费率约为40%，而世界平均水平为56.9%，美、英、法、德、日五国的消费率均超过50%，中国以外的其他金砖国家2019年居民消费率均高出我国 14 个百分点以上。居民消费意愿不强将会成为制约我国居民消费扩张和经济循环的重要因素。从消费结构看，在我国居民的消费支出中，食品支出的占比最高，其次是居住类支出，但食品、衣着支出在居民消费支出中的比重逐步下降，医疗保健、交通通信和文教娱乐支出在居民消费支出中的占比不断上升。目前我国居民消费支出中，生存型消费和发展享受型消费在居民消费支出中的比重分别为60% 和 40%，而西方发达国家居民消费中生存型消费和发展享受型消费的占比大致相当，未来我们需要在提高居民消费水平的同时，进一步优化居民的消费结构。

采用代际收入弹性、代际收入秩关联系数、惯性率（M_1）、亚惯性率（M_2）和平均阶差（M_3）等多种测度指标，衡量我国居民 2010 ～ 2018 年整体以及各年份的代际收入流动水平，分析我国居民代际收入流动的变化趋势。整体而言，2010 ～ 2018 年我国居民代际收入弹性为0.373，代际收入秩关联系数为 0.242，代际收入流动惯性率为 26%，亚惯性率为 60.2%，平均阶差为 1.397，这一系列数字都显示了我国居民收入存在较强的代际关联。从代际收入流动的变化趋势来看，2010年、2012 年、2014 年、2016 年和 2018 年的代际收入弹性分别为0.363、0.174、0.228、0.137、0.106，代际收入秩关联系数分别为0.451、0.222、0.308、0.168、0.148，惯性率分别为 32.8%、25.7%、26.5%、25%、21.1%，亚惯性率分别为 67.9%、60.2%、60.5%、57.6%、55.7%，平均阶差为 1.133、1.357、1.315、1.433、1.498。通过这些指标的测算结果不难看出，2010 ～ 2018 年，我国居民的代际收入流动水平虽有小的起伏，但总体呈现上升的趋势。

结合我国居民消费和代际收入流动的客观事实，以及已有研究对我国居民消费相对不足的解释，本文尝试从代际视角找寻制约我国居民消费潜力释放的原因，探索代际收入流动影响消费的内在逻辑。在接下来的第 5 章、第 6 章和第 7 章，本书分别从"代际收入流动对居民消费差距的影响""代际收入流动对居民消费倾向的影响""代际收入流动对居民消费结构的影响"三个方面讨论代际收入流动对居民消费的作用路径，并使用微观数据进行实证检验，分析代际收入流动对居民"消费差距""消费倾向""消费结构"的作用效果以及在不同群体间、不同地区间表现出的差异性。

第5章

代际收入流动对居民消费差距的影响

消费差距也可以称为消费不平等，是在居民消费中普遍存在的一种现象。较高的消费差距会制约居民消费水平的整体提质升级。根据经典的消费理论，收入是决定消费的关键因素，因此可以认为，收入差距是造成消费差距的主要原因，收入差距的扩大或缩小会导致消费差距的扩大和缩小。收入差距是在各国、各地区普遍存在的一种收入分配现象，与地区或行业的发展速度、收入分配政策、劳动者的个体差异、生产要素的经济效益等因素有关。国内外学者的相关研究已经证实，机会不平等和居民的收入差距之间有着密切联系，是收入差距存在并扩大的重要原因（陈琳，2016；杨汝岱、刘伟，2019）。

由于收入差距可以决定居民的消费差距，机会不平等则可以通过代际收入流动水平予以体现，因此，本章分析代际收入流动对居民消费差距的影响，主要从代际收入流动和居民收入差距的关系入手，探究代际收入流动水平对我国居民收入差距的影响，进而判断代际收入流动水平对居民消费差距的作用。

5.1 理论分析与研究假设

如前所述，代际收入流动可以反映子代收入对父代收入的依赖程度，子代收入对父代收入的依赖性越强，则意味着整个社会的代际收入流动水平越低。此时，父代由于其代内因素①形成的与同代人之间的收入差距，便可以更大程度地通过代际渠道传递到子代，成为形成子代收入差距乃至消费差距的代际因素。这种代际传递渠道主要有父代对子代的人力资本投资、父代社会资源对子代的福利渗透、父代财富向子代转移等。借助预算线——无差异曲线工具，可以分析代际因素对子代消费差距的影响。

5.1.1　代际财富转移对子代消费差距的影响

上面已述，收入差距会导致消费差距，收入差距的扩大或缩小会直接带来消费差距的扩大和缩小，因此在接下来的模型分析中，将主要讨论代际财富转移对子代收入差距的作用。在图 5 – 1 中，横轴 H 表示子代的非劳动时间即闲暇时间，纵轴 Y 表示子代通过劳动获取的收入水平。闲暇与收入均可以给子代带来效用，但劳动时长与闲暇时长的总量为 H_0，即劳动时长与闲暇时长存在互补关系，若要获取更多闲暇时长必须压缩劳动时长。如果子代没有从父代处获得财富转移，那么子代的预算线由图 5 – 1 中的 M_1H_0 表示，此时子代可以实现的最大效用为 U_1，均衡时子代的收入水平和闲暇时长分别为 Y_1 和 H_1。如果加入代际因素，子代从父代处获得财富转移量为 F，那么子代的预算线则会向上平移至 M_2N_2，子代便可以实现更高的效用水平 U_2，均衡时子代的收入水平和闲暇时长分别为 Y_2 和 H_2。

若 1 和 2 分别代表子代中不同的个体，并且假设两者在工作效率、偏好等方面不存在差异，唯一不同的是个体 1 没有从父代处获得任何财富转移，而个体 2 从父代处获得财富转移 F，那么图 5 – 1 中 E_1 和 E_2 也可以代表个体 1 和个体 2 的均衡状态，很显然，均衡时个体 2 的收入水平 Y_2 高于个体 1 的收入 Y_1，这种收入差距与代际间的财富转移有着直接联系，也反映了代际因素对子代收入差距的影响。

以上模型得出父代对子代的财富转移可以加大子代收入差距的结论，是以子代个体具有相同偏好为前提的。若子代个体对收入和闲暇的偏好存在明显差异，也有可能推演出不同的结果（见图 5 – 2 和图 5 – 3）。

---

① 代内因素主要指经济个体本身的劳动力差异、从事的行业、所处的经济环境和社会环境等。

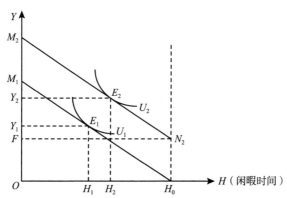

图 5－1　代际财富转移对子代收入差距的影响

资料来源：笔者利用预算线——无差异曲线工具，结合消费者均衡原理绘制而成。

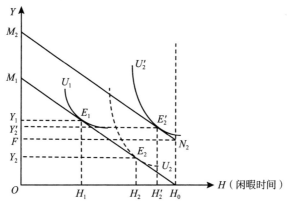

图 5－2　代际财富转移与存在偏好差异的子代收入差距（享乐派）

资料来源：笔者利用预算线——无差异曲线工具，结合消费者均衡原理绘制而成。

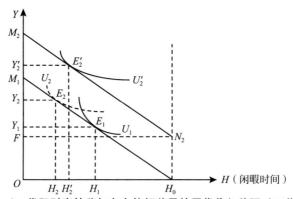

图 5－3　代际财富转移与存在偏好差异的子代收入差距（工作狂）

资料来源：笔者利用预算线——无差异曲线工具，结合消费者均衡原理绘制而成。

图 5 - 2 中，与个体 1 相比，个体 2 对闲暇的偏好更强，属于"享乐派"，因此个体 2 的无差异曲线更为陡峭。如果两者均未从父代获得财富转移，那么个体 1 和个体 2 在 M_1H_0 的预算约束下，能够实现的最大效用分别为 U_1 和 U_2，偏好享乐的子代，获得的收入水平 Y_2 明显低于个体 1 的收入 Y_1，这种收入差距是由于代内因素导致的。

若个体 1 未从父代处获得任何财富转移，个体 2 从父代处获得财富转移 F，则个体 1 的均衡状态依然处于 E_1 点，而个体 2 的预算线则会平移至 M_2N_2，实现更高的效用水平 U_2'，均衡时个体 2 的收入水平提高至 Y_2'。从图 5 - 2 中的均衡结果可以看出，尽管个体 2 从父代处获得了财富转移，但是其收入水平 Y_2' 仍低于个体 1 的收入 Y_1，不过与财富转移前的结果相比，获得父代财富转移的子代，其与个体 1 的收入差距会因为代际因素缩小。当然，考虑到对享乐偏好程度的差异，图中的结果并不是唯一的，获得父代财富转移后，也有可能出现个体 2 和个体 1 收入水平相当，或者个体 2 收入略高于个体 1 的可能，但不管是哪种情形，都可以反映代际因素对子代收入差距的作用。

图 5 - 3 中，与个体 1 相比，个体 2 是个"工作狂"，从工作中可以获得更大的满足感，因此个体 2 的无差异曲线更平坦一些。如果两者均未从父代获得财富转移，那么个体 1 和个体 2 在 M_1H_0 的预算约束下，能够实现的最大效用分别为 U_1 和 U_2，更沉迷工作的子代个体 2，其获得的收入水平 Y_2 明显高于个体 1 的收入 Y_1，这种收入差距同样是由于代内因素导致的。

如果个体 1 没有从父代处获得任何财富转移，个体 2 从父代处获得财富转移 F，个体 1 的均衡状态依然处于 E_1 点，而个体 2 的预算线则会平移至 M_2N_2，实现更高的效用水平 U_2'，均衡时个体 2 的收入水平提高至 Y_2'。从图 5 - 3 中的均衡结果可知，个体 2 从父代处获得财富转移后，其与个体 1 的收入差距进一步扩大，这便是由代际因素导致的。

需要说明的是，图 5 - 1、图 5 - 2 和图 5 - 3 中，子代预算线的平移可以从相对量的角度理解。模型不仅限于比较未获得代际财富转移与获得代际财富转移个体的收入差距，只要个体获得的代际财富转移存在差异（包括子代向父代进行财富转移的情形），均可以通过上述模型对收入差距进行讨论。

以上三个图形分析了代际财富转移对子代个体收入差距的影响，得到的结论是，代际财富转移可能加大子代间的收入差距，也可能缩小子代间的收入差距，这取决于子代个体的偏好情况。不过可以明确的是，代际财富转移会对居民收入差距产生影响，再结合收入和消费的关系，可以进一步推断，代际财富转移会对居民消费差距产生作用。

5.1.2　父代人力资本投入对子代消费差距的影响

使用预算线——无差异曲线工具，同样也可以分析父代（对子代）人力资本投入对子代收入差距的影响。如图 5-4 所示，父代对子代的人力资本投入可以提高子代人力资本水平，也会相应提高子代在工作阶段单位时间的劳动收入。因此，从父代处获得人力资本投入的子代，其预算线的斜率会比未获得人力资本投入的子代更为陡峭。也可以认为，从父代处获得较多人力资本投入的子代，其预算线的斜率比获得较少人力资本投入的子代更加陡峭。

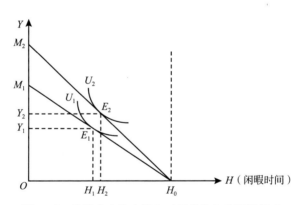

图 5-4　父代人力资本投入对子代收入差距的影响

资料来源：笔者利用预算线——无差异曲线工具，结合消费者均衡原理绘制而成。

图 5-4 中，1 和 2 分别代表子代中不同的个体，个体 1 从父代处获得人力资本投入较少，预算线为 M_1H_0。个体 2 从父代处获得人力资本投入较多，其单位时间的劳动报酬高于个体 1，也就是说，在相同的劳动时长内，个体 2 可以得到更高的收入，因此个体 2 的预算线比个体 1 更陡峭，为 M_2H_0。显然个体 2 比个体 1 的预算空间更大，如果二者偏好不存在差异，则达到均衡时个体 2 可以实现更高的效用水平 U_2，均

衡时个体 1 的收入为 Y_1，个体 2 的收入为 Y_2。这种收入差距的出现与代际因素有直接关联。

图 5 - 4 分析的是子代间不存在偏好差异的情形，如果用上面分析"代际财富转移对收入差距影响"的相同思路，也可以分析子代出现"享乐派"或者"工作狂"情形时，父代的人力资本投入对子代收入差距的影响[①]。与代际财富转移的分析结果相同，在不同的情形下，父代对子代的人力资本投入可能会扩大子代的收入差距，也可能会缩小子代的收入差距，这些都反映了代际因素对子代收入差距的作用，同样也反映了代际因素对子代消费差距的作用。

另外，父代社会资源对子代的福利渗透是代际传递的又一渠道。父代利用其既有的社会地位和社会资源，为子代谋取更优越的工作岗位、更丰厚的工作报酬等，这种情形也会提高子代单位时间的收入，同样可以用图 5 - 4 的模型进行分析，此处就不再赘述。

基于以上分析，再结合收入和消费的内在联系，可以判断，代际收入流动水平影响子代居民收入差距的同时也会影响居民的消费差距。

5.2 　实证模型及数据来源

5.2.1　代际收入弹性模型

在测算代际收入弹性时，采用索伦于 1992 年的模型设计，在子代收入与父代收入对数线性模型中，加入了子代年龄和父代年龄及其年龄的平方值，以控制年龄因素对估计结果的影响。

同时，为了解决模型中可能存在的内生性问题，选择用父代的受教育程度、职业社会地位作为工具变量，采用两阶段最小二乘法（2SLS）估计居民的代际收入弹性。具体模型如下：

$$\ln Y_0 = a_1 edu_0 + a_2 isei_0 + \mu_1 \tag{5.1}$$

---

① 如上面所述，"享乐派"个体的无差异曲线更加陡峭，"工作狂"个体的无差异曲线则更加平坦。

$$\ln Y_1 = b_1 + b_2 (\hat{a}_1 edu_0 + \hat{a}_2 isei_0) + b_3 age_0 + b_4 age_1 + b_5 age_0^2 + b_6 age_1^2 + \mu_2 \tag{5.2}$$

式（5.1）和式（5.2）中，Y_0 表示父代的收入水平，Y_1 表示子代的收入水平，edu_0 和 $isei_0$ 分别代表父代的受教育程度和职业社会地位，age_0 和 age_1 分别代表父代与子代的年龄。根据式（5.1）得出 a_1 和 a_2 的估计值 $\hat{a}_1$ 和 $\hat{a}_2$，然后利用估计值进行式（5.2）的 OLS 估计，式（5.2）中的 b_2 即为代际收入弹性。代际收入弹性越小，说明子代收入对父代收入的依赖越小，或者说父代收入对子代收入的影响越小，此时居民的代际收入流动水平较高，反之，居民的代际收入流动水平较低。

5.2.2　基尼系数及夏普利值分解

鉴于居民消费差距和收入差距之间的直接联系，同时为了下面可以将微观数据的测度结果与宏观统计指标进行比较，所以在实证模型设计部分，本章主要探讨代际收入流动水平对居民收入差距的作用，使用基尼系数指标反映居民的收入差距程度，并通过收入差距分解分析代际因素对收入差距的贡献度，以间接体现其对消费差距的影响。

1. 基尼系数

关于基尼系数的测算，参照朗伯（Lambert，1993）的方法，将基尼系数表示为：

$$Gini = 1 - 2\int_a^b \left[1 - F(x)\right] \frac{x}{\mu} f(x)\,\mathrm{d}x \tag{5.3}$$

式（5.3）中，$Gini$ 表示基尼系数，a 和 b 表示收入的下限和上限，累积分布函数和密度函数分别由 $F(x)$ 和 $f(x)$ 表示，μ 表示平均收入，$\dfrac{x}{\mu}$ 则是将收入平均标准化。平均标准化收入的权重 $1 - F(x)$ 取决于个体在收入分布中的相对位置。

2. 夏普利值分解

导致居民收入差距的因素可以大致分为代内和代际两个方面，本章侧重于讨论代际因素的影响，即父代对子代收入差距的作用，因此需要在测算子代收入差距的基础上，对收入差距进行分解，从而分析代际收入流动对子代收入差距的影响程度。

目前对于收入差距的分解方法主要有三种方式：按照人群分组分解、按照收入来源分解和按照解释变量基于回归分析分解。近年来应用比较广泛的收入差距分解方法是基于回归分析的分解，即在收入决定方程拟合的基础上，对收入差距进行分解。某变量对收入差距的影响主要来自两方面，一是该变量对收入差距的相关性大小，相关性越大，变量对收入差距的贡献就越大；二是该变量本身的变异性大小，如果变量的方差大且分布不均匀，则在相关性既定的情形下，对收入差距的贡献更大。基于回归分析的收入差距分解具有更大的合理性，在克服按人群分组分解出现的连续变量问题、内生性问题的同时，也可以兼顾到各方面因素对收入差距的影响，如人力资本、社会资本以及政策因素、环境因素等。本章基于回归分析分解收入差距时，采用万广华（2004）提出的夏普利值（Shapley Value）回归分解方法。

假设收入的回归模型为：

$$Y = \alpha + \sum \beta_i X_i + u = \alpha + \sum Y_i + u \qquad (5.4)$$

式（5.4）中，Y 代表收入，X_i 为影响收入的各主要因素（假设 X_i 对收入 Y 的影响是线性的），u 是残差项，代表 X 以外的影响收入的其他因素，α 为常数项。$Y_i = \beta_i X_i$，表示由第 i 个因素产生的收入流，设 $\tilde{Y} = \sum Y_i$。

设收入差距指标为 $I(OI)$，其中，I 可以是基尼系数、泰尔指数等任意的衡量收入差距的指标，本章主要采用基尼系数这一指标；OI 代表原始收入观察值，若收入没有任何变化，则 $OI = Y$。以回归分析为基础的收入分解，旨在将 $I(OI)$ 分解为与式（5.4）中的影响因素和参数有关的不同组成部分。

将基尼系数用于式（5.4）的两边，可以求出：

$$G(Y) = \alpha + \sum E(Y_i)/E(Y) C(Y_i) + u \qquad (5.5)$$

其中，C 为集中度指标，取值范围在 -1 与 1 之间，E 表示期望值，每个影响因素 i 对基尼系数 $G(Y)$ 的贡献率为 $E(Y_i)/E(Y) C(Y_i)$。从式（5.4）中去除 u 的影响：

$$Y(u = 0) = \hat{Y} \qquad (5.6)$$

将基尼系数用于式（5.6）的两边，可得：

$$G(Y \mid u = 0) = G(\hat{Y}) \tag{5.7}$$

由式（5.5）和式（5.7）可以得出，u 对基尼系数的贡献为：

$$CO_u = G(Y) - G(\hat{Y}) \tag{5.8}$$

由式（5.8）可得，$G(Y) = G(\hat{Y}) + CO_u$，已知 $\tilde{Y} = \sum Y_i$，所以 $\hat{Y} = \tilde{Y} + \alpha$。按照式（5.7）的计算思路，可得：

$$G(\hat{Y} \mid \alpha = 0) = G(\tilde{Y}) \tag{5.9}$$

从而可以得出，常数项 α 对基尼系数的贡献为：

$$CO_\alpha = G(\hat{Y}) - G(\tilde{Y}) \tag{5.10}$$

综上，可将基尼系数 $G(Y)$ 分解为 CO_u、CO_α 和各变量 X_i 的贡献。贡献百分比分别为：

$$PC_u = 100 \left[G(Y) - G(\hat{Y}) \right] / G(Y) \tag{5.11}$$

$$PC_\alpha = 100 \left[G(\hat{Y}) - G(\tilde{Y}) \right] / G(Y) \tag{5.12}$$

$$PC_{\tilde{Y}} = 100 G(\tilde{Y}) / G(Y) = 100 / G(Y) \sum E(Y_i) / E(\hat{Y}) C(Y_i) \tag{5.13}$$

式（5.13）中，$E(Y_i) / E(\hat{Y}) C(Y_i) = CO_i$，表示第 i 个影响因素对基尼系数的贡献。

5.2.3 模型设定

在对代际收入弹性和基尼系数分别进行测算之后，可以进一步利用回归方程分析代际收入弹性对基尼系数的作用。居民的代际间扶持尽管可以分为父代对子代的扶持和子代对父代的扶持，但是考虑到我国居民普遍"对子女的关注远超过对父母的关注"，因此本章更侧重考察代际收入流动对子代间收入差距的影响。回归模型可以表示为：

$$Gini = j_1 + j_2 IGE + j_3 edu_1 + j_4 isei_1 + j_5 asset_1 + j_6 health_1$$
$$+ j_7 party_1 + j_8 urban_1 + j_9 gender_1 + u \tag{5.14}$$

式（5.14）中，被解释变量 $Gini$ 是代表子代间收入差距的基尼系数，IGE 是核心解释变量——代际收入弹性。$isei_1$ 表示子代的职业社会地位，edu_1、$asset_1$ 代表子代的受教育程度和家庭净资产，$gender_1$、$health_1$ 表示性别和健康情况，$urban_1$ 和 $party_1$ 是子代的地域属性与政治属性，这些是对收入差距产生影响的代内因素；u 为误差项，系数 j_2 则表示代际收入弹性对子代收入差距的影响情况，若 j_2 为正，则说明代际收入流动水平对子代收入差距存在负向作用，若为负，则意味着代际收入流动水平对子代收入差距产生正向作用[①]，j_2 绝对值大小可以反映代际收入流动水平对子代收入差距的作用程度。

在对回归方程（5.14）进行估计的基础上，可以进一步采用夏普利值分解方法，测算代际收入弹性对基尼系数的相对重要性程度。

5.2.4　数据来源及变量说明

与第 4 章相同，本章所使用的微观数据来自中国家庭追踪调查（CFPS）数据库 2010 年、2012 年、2014 年、2016 年和 2018 年数据，根据个人编码、父亲编码和母亲编码将子代和父母的数据进行匹配后，将子代的年龄限制在 25～45 岁，并剔除子代处于读书阶段的样本和父代年龄超过 70 岁的样本。另外，删除了子代或父代年龄缺失、子代个人年收入和父代家庭收入低于 500 元，以及其他主要变量中存在空白项和无效数据的样本，最终获得有效样本 3358 组。表 5 - 1 为变量说明。

表 5 - 1　　　　　　　　　　　变量说明

变量	指标含义	构建方法
Y_1	子代收入水平	子代过去 12 个月获得的全部收入（元）
$Gini$	子代基尼系数	$Gini = 1 - 2\int_a^b [1 - F(x)] \dfrac{x}{\mu} f(x) \mathrm{d}x$
IGE	代际收入弹性	$ICE = \dfrac{\partial \ln Y_1}{\partial \ln Y_0}$
$asset_1$	子代家庭净财产	子代房产价值 + 现金及存款 + 金融产品总价值
edu_1	子代受教育程度	子代的受教育年限
$isei_1$	子代职业社会地位	子代职业的国际社会经济地位指数（ISEI）
$gender_1$	子代的性别	子代的性别，男性为 1，女性为 0
$party_1$	子代的政治属性	子代是否是党员，是为 1，否为 0

[①]　代际收入弹性 IGE 越小，意味着代际收入流动水平越高，反之，则意味着代际收入流动水平越低。

变量	指标含义	构建方法
$urban_1$	子代的地域属性	子代所处地域的城乡分类，城镇为 1，农村为 0
$health_1$	子代健康状况	CFPS 问卷者对受访者的身体情况做出的评分

5.3 实证结果

5.3.1 中国居民基尼系数

鉴于第 4 章已经使用代际收入弹性（OLS、2SLS 估计方法）、代际收入秩关联系数（OLS 估计）、惯性率、亚惯性率和平均阶差等指标测度了我国居民的代际收入流动情况，此处就不再做复述，具体结果见第 4.2.2。

根据国家统计局公布的官方数据，我国居民人均可支配收入基尼系数从 2010 年的 0.481 逐渐降至 2018 年的 0.468，2019 年和 2020 年的基尼系数与 2018 年的结果也比较接近，分别为 0.465 和 0.468[①]。通过官方公布的基尼系数结果可以看出，虽然近 10 年我国居民的收入差距呈缩小趋势，但仍高于 0.4 的警戒线水平。收入差距问题也成为摆在我们面前、影响国民经济体系有序循环和全体人民实现共同富裕的不可忽视的问题。同样，由收入差距带来的消费差距也是消费领域中不可忽视的问题。

使用微观数据可以从不同的角度对基尼系数进行测算，衡量我国居民的收入差距情况。由于样本数量、样本覆盖面以及指标选择等因素的影响，微观数据计算的基尼系数与国家统计局公布的结果可能存在一定差异。利用上面整理的 3358 组 CFPS 数据样本，根据式（5.5）的计算原理，分别测算我国居民 2010~2018 年整体基尼系数以及 2010 年、2012 年、2014 年、2016 年和 2018 年各年份的基尼系数，同时也衡量城

---

① 资料来源：国家统计局官方网站，https：//data. stats. gov. cn。

乡居民的收入差距情况①。

在使用混合截面数据计算基尼系数时，为了避免价格因素的影响，用 CPI 指数对各年份的"子代收入水平"进行处理，将其统一折算为 2018 年的收入水平。基尼系数的具体结果如表 5 - 2 所示。

表 5 - 2   2010 ~ 2018 年我国居民基尼系数

项目	2010 ~ 2018 年混合样本	2010 年	2012 年	2014 年	2016 年	2018 年
全体居民	0.4271	0.4391	0.4248	0.3999	0.4072	0.3707
城镇居民	0.4235	0.4063	0.4572	0.3966	0.4155	0.3787
农村居民	0.4122	0.4447	0.3689	0.3906	0.3648	0.3336

从表 5 - 2 中的计算结果可以看出，整体来看，2010 ~ 2018 年我国的基尼系数为 0.4271，这一结果同样也超过了 0.4 的国际警戒线，意味着我国居民的收入分配差距偏大。从变化趋势来看，2010 年我国居民的基尼系数为 0.4391，在随后的年份中，虽偶有起伏，但总体上基尼系数呈下降的趋势，我国居民收入差距逐步缩小。

从城乡的角度看，2010 ~ 2018 年城镇居民的基尼系数高于农村居民，具体到各年份，除 2010 年外，其余年份测算的城镇居民基尼系数也明显高于农村居民，这意味着，与农村居民相比，我国城镇居民的收入分配不均等问题更突出一些。与整体的变化趋势一致，不管是城镇还是农村，基尼系数也表现出下降的趋势。

5.3.2 代际收入流动对中国居民消费差距的影响

1. 基准回归

使用已整理的微观混合截面数据，进一步考察代际收入流动水平对我国居民（子代）基尼系数的影响。为了得到尽量多的基尼系数和代

---

① 结合理论模型的分析思路，此处利用"子代收入水平"测算基尼系数，因此从代际的角度看，测算出的基尼系数主要体现子代的收入差距。

际收入弹性结果，此处将样本按省份和年份进行分组，得到 116 个分组①，根据式（4.4）和式（5.3）分别测算各组别居民的代际收入弹性以及子代的基尼系数。

首先，根据各组测算结果，画出代际收入弹性和基尼系数的散点图和线性拟合图，如图 5 - 5 所示。

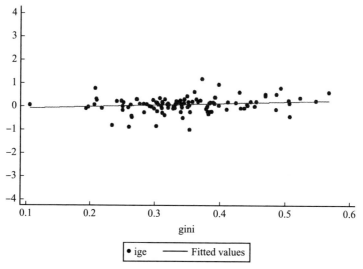

图 5 - 5　代际收入弹性和基尼系数

从图 5 - 5 可以直观看出，居民的代际收入弹性和基尼系数之间存在同向的变动关系。由于代际收入弹性越高，则意味着居民代际收入流动水平越低，因此，图形也展示了较高的代际收入流动水平往往与较低的基尼系数相伴随的结论。

对代际收入弹性与基尼系数的关系进行了直观判断之后，将各组别测算的代际收入弹性和基尼系数结果赋值到各样本中，对式（5.14）进行估计，分析居民代际收入流动水平对收入差距的影响。先进行 OLS 回归，得到代际收入弹性对居民基尼系数的影响程度，对模型进行异方差和多重共线性检验结果显示，White 检验的 p 值为 0.0000、各解释变量和控制变量的 VIF 值均明显低于 10，所以认为该模型不存在多重共

---

① 海南、青海、宁夏、新疆四省因各年份的样本量太少，故将相关样本删除。

线性问题但可能存在异方差，因此选择用稳健标准误对式（5.14）再次进行回归估计。另外，为了防止可能存在的内生性问题影响模型的估计结果，选择将父代的英语能力（$english_0$）和民族（$nature_0$）作为代际收入弹性（IGE）的工具变量，进行 2SLS 估计，工具变量有效性的检验结果如表 5 - 3 所示。OLS 和 2SLS 的具体估计结果如表 5 - 4 所示。

表 5 - 3　　　　　　工具变量有效性检验结果［式（5.14）］

弱工具变量检验 Cragg - Donald Wald（F 值）	44.167
过度识别检验 Hansen J statistic（p 值）	0.9944
内生性检验 Endogeneity test（p 值）	0.3211

表 5 - 4　　　　2010 ~ 2018 年居民代际收入弹性对基尼系数的影响

变量	因变量：子代基尼系数 $Gini$ 式（5.14）	
	OLS	2SLS
IGE	0.044 *** (8.07)	0.092 *** (4.31)
$gender_1$	0.001 (0.44)	- 0.000 (- 0.10)
edu_1	- 0.004 *** (- 10.43)	0.003 *** (9.00)
$asset_1$	- 0.000 ** (- 2.37)	- 0.000 * (- 1.77)
$health_1$	0.001 ** (2.03)	- 0.000 (- 0.01)
$isei_1$	- 0.001 *** (- 8.41)	- 0.000 *** (- 3.02)
$party_1$	0.003 *** (9.59)	0.001 *** (3.23)

续表

变量	因变量：子代基尼系数 *Gini* 式（5.14）	
	OLS	2SLS
$urban_1$	−0.001 （−1.52）	−0.000 （−0.63）
_cons	0.354*** （76.75）	0.331*** （38.81）
年份控制	Y	Y
N	3358	3046
r2_a	0.130	0.048
F	52.469	33.413

注：小括号内为回归系数的 *t* 值，＊、＊＊、＊＊＊分别表示10%、5%和1%的置信水平上显著。

　　表5-3工具变量有效性检验结果显示，弱工具变量检验结果的 *F* 值为44.167，过度识别 Hansen 检验的 *p* 值为0.9944，内生性检验的 *p* 值也大于0.05，因此可以判断，模型选择的工具变量不存在弱工具变量问题，也不存在过度识别和内生性问题。故而，选择将父代的英语能力和民族作为工具变量来估计代际收入弹性对居民基尼系数的影响是有效的，表5-4的2SLS估计结果具有可信度。

　　从表5-4可以看出，虽然2SLS与OLS的估计结果略有差异，但两种估计结果均显示代际收入弹性对子代的基尼系数有显著的正向作用。根据2SLS的估计结果可知，我国居民代际收入弹性每上升0.1，子代居民的基尼系数会提高大约0.01，代际收入弹性越高，居民的基尼系数则越大。换言之，代际收入流动水平降低，会加剧居民收入分配的不平等程度；提高居民代际收入流动性，有助于缩小我国居民的收入分配差距，也有助于缩小居民的消费差距。除了代际收入弹性之外，政治属性等因素会对基尼系数产生显著的正向作用，居民的家庭净财产、职业社会地位等对基尼系数则有显著的负向作用。

　　2. 稳健性检验

　　为了进一步保证上面分析结果的稳健性和可靠性，本部分主要采取更换被解释变量指标和核心解释变量指标的方法进行稳健性检验。核心解释变量指标由"代际收入弹性"替换为"代际收入秩关联系数（IGC）"，被解释变量指标由"基尼系数"替换为"泰尔指数（Theil）"。第 4 章已经对代际收入秩关联系数的含义和测算方法进行了阐述（详见4.2.1），本章使用的泰尔指数由统计软件依据样本中各组别子代居民收入水平数据生成[①]。更换了核心解释变量和被解释变量的衡量指标后，对模型再次进行回归，具体结果如表 5 – 5 所示。

表 5 – 5　　　　　　　　稳健性检验

变量	Gini （1）	Theil （2）	Theil （3）
IGC	0. 045 *** （8. 69）		0. 057 *** （6. 94）
IGE		0. 051 *** （5. 55）	
edu_1	− 0. 004 *** （ − 11. 03）	− 0. 006 *** （ − 10. 87）	− 0. 004 *** （ − 11. 31）
$asset_1$	− 0. 000 ** （ − 2. 08）	0. 000 （0. 29）	0. 000 （0. 28）
$health_1$	0. 001 * （1. 93）	0. 000 （0. 57）	0. 000 （0. 48）
$isei_1$	− 0. 001 *** （ − 8. 76）	− 0. 001 *** （ − 10. 84）	− 0. 001 *** （ − 11. 03）
$gender_1$	0. 001 （0. 34）	− 0. 007 （ − 1. 31）	− 0. 007 （ − 1. 38）
$party_1$	0. 002 *** （9. 20）	0. 005 *** （9. 22）	0. 004 *** （8. 82）
$urban_1$	− 0. 001 （ − 1. 61）	− 0. 001 （ − 0. 48）	− 0. 001 （ − 0. 55）
_cons	0. 352 *** （76. 28）	0. 264 *** （30. 45）	0. 261 *** （30. 10）

[①]　Stata 软件的"inequal"命令可以计算出泰尔指数。

变量	Gini (1)	Theil (2)	Theil (3)
年份控制	Y	Y	Y
N	3358	3358	3358
r2_a	0.116	0.101	0.105
F	53.434	42.399	45.238

注：小括号内为回归系数的 t 值，* 、** 、*** 分别表示 10%、5% 和 1% 的置信水平上显著。

表 5 - 5 中，第（1）列是更换了核心解释变量指标的估计结果，第（2）列是更换了被解释变量指标的估计结果，第（3）列则是同时更换核心解释变量指标和被解释变量指标的估计结果。各列中核心解释变量和被解释变量的系数均显著为正，与上文的估计结果具有较强的一致性，同样也证明了上文"提高居民代际收入流动水平，有助于缩小我国居民的收入差距和消费差距"的结论。

3. 中介效应分析

根据理论分析，父代通过代际财富转移、人力资本投入等渠道对子代居民收入差距和消费差距产生影响。为了进一步揭示代际收入流动与居民消费差距的内在联系，本部分构建中介效应模型对其作用机制进行实证检验。考虑到父代对子代的人力资本投入通过教育的途径实现，人力资本投入与子代的文化水平之间通常存在同向关系，而父代对子代的财富转移会对子代的家庭财富带来直接影响，所以选择"子代的受教育程度"和"子代家庭净财产"作为中介变量，构建中介效应模型如下：

$$Gini = \alpha_1 + \alpha_2 IGE + \alpha_3 X + \varepsilon_1 \qquad (5.15)$$

$$M = \beta_1 + \beta_2 IGE + \beta_3 X + \varepsilon_2 \qquad (5.16)$$

$$Gini = \gamma_1 + \gamma_2 IGE + \gamma_3 M + \gamma_4 X + \varepsilon_3 \qquad (5.17)$$

模型中，M 表示子代的受教育程度（edu_1）和家庭净财产（$asset_1$）两个中介变量，X 表示子代的年龄、职业社会地位、性别、地域属性等控制变量，各变量的数据来源和测算方法与基准回归相同，检验结果如表 5 - 6 所示。

表 5 - 6　　　代际收入流动影响居民基尼系数的机制检验（中介效应）

变量	$Gini$ (1)	edu_1 (2)	$asset_1$ (3)	$Gini$ (4)	$Gini$ (5)
IGE	0.053 *** (8.54)	- 1.966 * (- 1.78)	- 3.5e + 04 *** (- 3.09)	0.044 *** (8.07)	0.046 *** (8.54)
edu_1				- 0.004 *** (- 10.37)	
$asset_1$					- 0.000 ** (- 2.27)
控制变量	控制	控制	控制	控制	控制
_cons	0.375 *** (91.54)	9.318 *** (30.09)	2.1e + 05 *** (6.19)	0.354 *** (76.77)	0.375 *** (91.51)
N	3358	3358	3358	3358	3358
r2_a	0.086	0.072	0.004	0.112	0.086
F	50.488	49.293	18.995	59.814	43.348

注：小括号内为回归系数的 t 值，* 、** 、*** 分别表示 10% 、5% 和 1% 的置信水平上显著。

表 5 - 6 第（1）列的结果显示，代际收入弹性的估计系数显著为正，即提高代际收入流动水平可以降低子代居民基尼系数。第（2）、第（3）列分别以子代的受教育程度和家庭净财产作为被解释变量，结果中代际收入弹性对子代受教育程度和子代居民家庭净财产的估计系数均显著为负，意味着提高代际收入流动水平有助于提高子代居民的文化程度和家庭财富。第（4）、第（5）列是基本解释变量和中介变量对居民基尼系数的估计结果，中介变量"子代受教育程度"和"子代家庭净财产"的系数显著为负，核心解释变量"代际收入弹性"的估计系数显著为正。这说明子代居民受教育程度和家庭净财产的确是影响居民收入差距和消费差距的重要因素，也验证了理论模型"父代可以通过代际财富转移、人力资本投入等渠道对子代收入差距和消费差距产生影响"的结论。

5.3.3　相对重要性分析

根据表5-4基准OLS回归的估计结果，采用夏普利值分解方法，以基尼系数作为分解对象，对解释变量进行相对重要性分析，大致估算各解释变量对收入差距的解释贡献程度，如表5-7所示。

表5-7　　　　　　　各因素对居民基尼系数的相对重要性

子代居民基尼系数 *Gini*					
变量	贡献度（%）	排序	变量	贡献度（%）	排序
代际收入弹性	27.54	1	健康状况	7.25	6
家庭净财产	14.64	4	职业社会地位	15.51	3
性别	0.43	8	地域属性	3.18	7
受教育程度	17.82	2	政治属性	13.64	5

根据表5-7的结果，在影响子代收入差距的各因素中，其重要程度由强到弱依次为代际收入弹性、受教育程度、职业社会地位、家庭净财产、政治属性、健康状况、地域属性和性别。如果把代际收入弹性划归为代际因素，代际收入弹性之外的其他因素划归为代内因素，综合来看，代际因素对居民收入差距的贡献度为27.5%，代内因素对居民收入差距的贡献度约为72.5%。根据分解结果和收入差距与居民消费差距的直接联系可以判断，代际因素对于居民消费差距的形成有着重要影响，要缩小居民的消费差距，代际收入流动问题是一个重要的切入点。

代际收入弹性指标可以从整体上反映我国居民的代际收入流动水平，但无法具体体现居民的代际收入流动方向，因此无法比较代际收入流动方向存在差别的群体，其代际收入流动水平对居民收入差距和消费差距影响的不同。此外，考虑到我国在社会、文化和经济等方面存在的城乡差异，城乡居民的代际收入流动水平和居民收入差距之间的关系也可能存在明显差别。为了进一步探索代际收入流动对不同群体的收入差距是否存在不同的作用，本章接下来从代际收入流动方向和城乡的角度讨论代际收入流动对居民收入差距影响的差异性，并推断代际收入流动对居民消费差距影响的差异性。

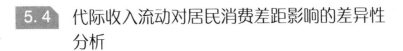

5.4.1　从代际收入流动方向的角度考察

借助代际转换矩阵可以大致判断我国居民的代际收入流动方向。将上面整理好的各年份 CFPS 数据按父代收入由低到高排序分为 100 等份，并进行等级位序赋值（1～100），子代收入也进行同样的等级位序赋值，分别将收入等级 1～20、21～40、41～60、61～80、81～100 划为低收入组、中低收入组、中等收入组、中高收入组、高收入组，可以得到代际转换矩阵（见表 5-8），大致判断我国居民代际收入流动的方向。

表 5-8　　　　　　　2010～2018 年混合样本代际转换矩阵

项目		子代收入组别				
		低收入组	中低收入组	中等收入组	中高收入组	高收入组
父代收入组别	低收入组	30.1%	21.8%	20.4%	16.0%	11.7%
	中低收入组	23.0%	21.6%	21.6%	18.0%	15.8%
	中等收入组	18.5%	22.7%	21.3%	18.3%	19.2%
	中高收入组	18.3%	19.0%	19.7%	23.2%	19.7%
	高收入组	10.4%	14.8%	16.9%	24.4%	33.6%

注：表中的数字表示对于父代某一特定收入组别而言，子代处于不同收入组别的概率。根据定义转换矩阵每行和每列之和都应等于 1，表中的数值进行了四舍五入。

通过表 5-8 可以看出，2010～2018 年混合截面样本中，对于父代处于低收入组别的人群，其子代有 30.1% 的概率仍处于该收入阶层，子代中有 69.9% 的人跳出了低收入阶层，向上流动到更高的收入组别；子代中有 11.7% 的人甚至成为高收入群体。父代处于高收入组别的人群，其子代有 33.6% 的概率仍处于该收入阶层，约 66% 的子代收入会向下流动；子代中甚至有 10.4% 的人成为低收入群体。父代处于中低收入组别的人群，其子代有 21.6% 的概率仍处于该收入阶层，子代收入向上流动的概率为 55.4%，向下流动的概率为 23%。父代处于中等收入组别的人群，其子代有 21.3% 的概率仍处于该收入阶层，子代收入向上流动的概率为 37.5%，向下流动的概率为 41.2%。父代处于中高收入组别的人群，其子代有 23.2% 的概率仍处于该收入阶层，子代收入向上流动的概率为 19.7%，向下流动的概率为 41.9%。总体来看，约 26% 的居民与其父代处于相同的收入等级，36.5% 的居民出现了代际收入向上流动，子代收入等级高于父代；但同时也有 37.5% 的居民出现了代际收入向下流动，即子代收入等级不及父代。

接下来具体测算代际收入流动方向不同群体的基尼系数，并进一步分析代际收入流动水平对居民收入差距的影响。利用子代收入等级（$rank_1$）和父代收入等级（$rank_0$）这两个指标判断代际收入流动方向。若子代收入等级高于父代，则可能存在代际收入向上流动，反之则可能存在代际收入向下流动。不过考虑到代际收入流动除了有向上和向下两个方向之外，还有阶层固化的情况，同时结合亚惯性率的计算思路，此处将代际收入等级的变化幅度以 ±10 作为分界进行组别划分。将子代收入等级超过父代收入等级 10 级以上，即 $rank_1 - rank_0 > 10$，视为存在代际收入向上流动；将子代收入等级低于父代收入等级 10 级以上，即 $rank_1 - rank_0 < -10$，视为存在代际收入向下流动；将子代收入等级相对于父代收入等级变化 10 级之内（包括 10 级），即 $-10 \leqslant rank_1 - rank_0 \leqslant 10$，视为不存在代际收入流动（阶层相对固定）。按照以上分组，整体估算各组别居民的基尼系数，测算结果如表 5 - 9 所示。

表 5 - 9　　　　各组别居民基尼系数（按代际收入流动方向分组）

变量	代际收入向下流动 $rank_1 - rank_0 < -10$	代际收入向上流动 $rank_1 - rank_0 > 10$	阶层相对固定 $-10 \leqslant rank_1 - rank_0 \leqslant 10$
基尼系数	0.365	0.352	0.460

表 5 - 9 中，代际收入流动比较大的群体，不论是代际收入向上流动还是向下流动，其居民的基尼系数明显小于代际收入流动较弱的群体。

然后，结合式（5.14），分别考察代际收入向下流动、代际收入向上流动和阶层相对固定的组别，代际收入流动水平对其子代居民基尼系数的影响程度，估计结果在表 5 – 10 中列出。

表 5 – 10　　　　代际收入弹性对居民基尼系数的影响
（按代际收入流动方向分组）

变量	因变量：子代基尼系数 *Gini*		
	代际收入向下流动 $rank_1 - rank_0 < -10$	代际收入向上流动 $rank_1 - rank_0 > 10$	阶层相对固定 $-10 \leqslant rank_1 - rank_0 \leqslant 10$
IGE	0.038 ** (2.31)	0.043 *** (3.30)	0.055 *** (3.44)
edu_1	− 0.004 *** (− 6.95)	− 0.004 *** (− 4.27)	− 0.003 *** (− 5.85)
$asset_1$	− 0.000 *** (− 11.96)	0.000 ** (2.26)	− 0.000 ** (− 2.57)
$health_1$	0.000 (0.33)	0.000 (0.51)	0.002 *** (2.65)
$isei_1$	− 0.001 *** (− 5.67)	− 0.000 ** (− 2.12)	− 0.001 *** (− 6.59)
$gender_1$	0.002 (0.60)	0.008 * (1.69)	− 0.003 (− 0.57)
$party_1$	0.003 *** (5.57)	0.003 *** (7.34)	0.002 *** (3.57)
$urban_1$	− 0.002 * (− 1.73)	0.000 (0.12)	− 0.003 * (− 1.66)
_cons	0.358 *** (49.22)	0.342 *** (42.77)	0.357 *** (38.29)
N	1279	1231	848
r2_a	0.114	0.122	0.157
F	19.518	19.246	20.067

注：小括号内为回归系数的 *t* 值，* 、** 、*** 分别表示 10% 、5% 和 1% 的置信水平上显著。

表 5 – 10 的结果显示，"代际收入向下流动""代际收入向上流动"

"阶层相对固定"三个组别中，代际收入弹性均对子代居民的基尼系数存在显著正向作用，这与之前整体样本的估计结果一致。具体而言，代际收入弹性每下降 0.1，代际收入向下流动群体的基尼系数会降低 0.0038，代际收入向上流动群体的基尼系数会降低 0.0043，阶层相对固定群体的基尼系数会降低 0.0055。阶层相对固定的组别，基尼系数受代际收入弹性的影响程度明显高于代际收入向上流动和代际收入向下流动的组别。相比于其他两组，阶层相对固定组别的代际收入流动水平较低，子代收入受父代的影响较大，这也导致了父代居民的收入差距更大程度地传递到子代，子代居民的收入差距更容易表现出"代际累积"的特点。进一步联系到居民消费差距，可以判断，阶层相对固定组别的代际收入流动水平较低，其子代居民的消费差距也会更明显。打破制约固化阶层代际收入流动的桎梏，对于缩小我国居民消费差距将会产生积极的作用。

进一步估算代际收入弹性对居民收入差距的相对重要性程度[①]，结论如表 5－11 所示。

表 5－11　　　　　　各因素对居民基尼系数的相对重要性
（按代际收入流动方向分组）

变量	代际收入向下流动 $rank_1 - rank_0 < -10$		代际收入向上流动 $rank_1 - rank_0 > 10$		阶层相对固定 $-10 \leq rank_1 - rank_0 \leq 10$	
	贡献度（%）	排序	贡献度（%）	排序	贡献度（%）	排序
代际收入弹性	20.01	3	26.45	1	31.25	1
家庭净财产	9.64	5	18.84	3	10.35	3
性别	0.29	8	4.28	6	0.09	8
受教育程度	21.59	1	21.83	2	10.24	5
健康情况	5.31	7	0.59	7	9.32	6
职业社会地位	21.11	2	10.08	5	20.40	2
地域属性	8.29	6	0.19	8	5.20	7
政治属性	13.76	4	17.74	4	13.16	4

---

① 同上面一样，采用夏普利值分解方法测算各解释变量的相对重要性（贡献度）。

对于代际收入向下流动的群体，代际收入弹性对居民收入差距的贡献度为 20.01%，其重要性在各影响因素中排在第三位，位于居民受教育程度（21.59%）、职业社会地位（21.11%）等因素之后。对于代际收入向上流动的群体，代际收入弹性对居民收入差距的贡献度为 26.45%，其重要性居于各因素之首。对于阶层相对固定的群体，代际收入弹性对居民收入差距的贡献度为 31.25%，也居于各因素之首，排在第二、第三位的分别是居民的职业社会地位（20.40%）和家庭净财产（10.35%）。结果显示，对于代际收入向下流动的群体而言，代际收入流动水平对居民收入差距的贡献程度明显低于代际收入向上流动和阶层相对固定的群体。这也意味着，代际收入流动水平对收入向下流动群体的消费差距的贡献度也明显低于对代际收入向上流动和阶层相对固定群体的贡献度。

5.4.2　从城乡的角度考察

上文已经对我国农村居民和城镇居民的收入差距整体情况进行了测算（见表 5-2），得到的结果显示，城镇居民的基尼系数为 0.424，农村居民的基尼系数为 0.412，城镇居民的收入差距高于农村。

本部分首先整体测算我国农村居民和城镇居民的代际收入流动水平，如表 5-12 所示。

表 5-12　　　　2010~2018 年中国居民代际收入流动水平（按城乡分组）

代际收入弹性			代际收入秩关联系数		
变量	因变量：子代收入对数值 lnY_1		变量	因变量：子代收入等级 $rank_1$	
	城镇	农村		城镇	农村
lnY_0	0.268 *** (11.26)	0.230 *** (9.97)	$rank_0$	0.257 *** (10.54)	0.190 *** (7.28)
age_1	0.426 *** (4.42)	0.273 *** (3.07)	age_1	9.992 *** (3.46)	5.652 ** (2.06)
age_0	-0.055 (-0.71)	-0.025 (-0.70)	age_0	2.588 (1.01)	-1.132 (-0.82)

	代际收入弹性			代际收入秩关联系数	
变量	因变量：子代收入对数值 $\ln Y_1$		变量	因变量：子代收入等级 $rank_1$	
	城镇	农村		城镇	农村
age_1^2	-0.007^{***} (-4.41)	-0.004^{***} (-2.86)	age_1^2	-0.168^{***} (-3.63)	-0.085^{*} (-1.93)
age_0^2	0.001 (0.85)	0.000 (0.58)	age_0^2	-0.016 (-0.72)	0.010 (0.83)
_cons	2.770 (1.39)	3.867^{***} (2.58)	_cons	-201.665^{***} (-3.12)	-22.589 (-0.45)
N	1742	1616	$r2\_a$	1742	1616
$r2\_a$	0.072	0.099	F	0.078	0.032
F	24.898	30.244	N	30.257	11.642

注：小括号内为回归系数的 t 值，$*$、$**$、$***$ 分别表示 10%、5% 和 1% 的置信水平上显著。

从表 5 - 12 的估计结果可以看出，我国农村居民的代际收入弹性为 0.230，代际收入秩关联系数为 0.190；城镇居民的代际收入弹性为 0.268，代际收入秩关联系数为 0.257。无论是测算代际收入弹性还是代际收入秩关联系数，其结果均显示，我国城镇居民的代际收入流动水平比农村居民低，也就是说，城镇居民子代收入对父代收入有着更强的依赖性。

再结合城乡分组，进一步考察各组别代际收入流动水平对其子代居民基尼系数的影响程度，估计结果如表 5 - 13 所示。

表 5 - 13　　　　　代际收入弹性对居民基尼系数的影响（按城乡分组）

变量	因变量：子代基尼系数 $Gini$	
	城镇	农村
IGE	0.047^{***} (5.79)	0.040^{***} (5.36)
edu_1	-0.003^{***} (-8.81)	-0.002^{***} (-6.34)

续表

变量	因变量：子代基尼系数 Gini	
	城镇	农村
$asset_1$	0.000 ** (2.48)	− 0.000 *** (− 10.84)
$health_1$	0.000 (0.49)	0.001 ** (2.55)
$isei_1$	− 0.001 *** (− 7.62)	− 0.000 *** (− 4.37)
$gender_1$	0.002 (0.73)	− 0.003 (− 0.66)
$party_1$	0.002 *** (5.61)	0.003 *** (8.28)
$provcd_1$[1]	0.000 (0.21)	0.000 *** (3.03)
_cons	0.348 *** (43.27)	0.346 *** (46.54)
N	1742	1616
r2_a	0.126	0.113
F	29.704	31.587

注：[1] 由于本部分是按照城乡分组展开分析，所以将"城乡属性"（urban）作为回归方程中的地域属性指标已不合适，此处选择使用"省份"（provcd）来代表地域属性。小括号内为回归系数的 t 值，*、**、*** 分别表示 10%、5% 和 1% 的置信水平上显著。

从表 5 - 13 可以看出，城镇、农村两个组别中，代际收入弹性对子代居民基尼系数均有显著正向影响，即代际收入流动水平对基尼系数存在显著的负向作用。具体来看，代际收入弹性每降低 0.1，城镇居民的基尼系数会下降 0.0047，农村居民的基尼系数则会下降 0.0040。提高居民的代际收入流动水平，对城镇居民收入差距的缩小作用明显高于农村居民，由此可以判断，代际收入流动水平的提升，对缩小城镇居民的消费差距会产生更大的作用。从估计结果中还可以看出，除了代际收入弹性之外，政治属性对城乡居民基尼系数存在显著的正向作用，而受教育程度则对城乡居民基尼系数存在显著的负向影响。

然后根据基础回归估计结果，通过夏普利值分解估算代际收入弹性对居民基尼系数的贡献度，结果在表5-14中列出。

表5-14　　　各因素对居民基尼系数的相对重要性（按城乡分组）

变量	城镇		农村	
	贡献度（%）	排序	贡献度（%）	排序
代际收入弹性	20.37	3	29.96	1
家庭净财产	8.66	5	16.43	2
性别	0.31	7	0.24	8
受教育程度	26.10	2	9.26	6
健康情况	2.43	6	10.51	5
职业社会地位	31.54	1	13.42	4
地域属性	0.13	8	4.49	7
政治属性	10.45	4	14.68	3

代际收入弹性对城镇居民基尼系数的贡献度为20.37%，在各影响因素中，其重要性排在第三位次，排在居民职业社会地位（31.54%）、受教育程度（26.10%）等因素之后；对农村居民基尼系数的贡献度为29.96%，重要性排在第一位次，居于第二、第三位次的影响因素为居民的家庭净财产（16.43%）和政治属性（14.68%）。代际收入流动水平对农村居民收入差距的贡献度高于城镇居民，这也意味着，与城镇居民相比，代际收入流动水平对农村居民消费差距的贡献度更大。

5.5　本章小结

本章主要借助代际收入弹性和基尼系数指标，分析了代际收入流动水平对居民收入差距的影响，并由此判断代际收入弹性对居民消费差距的作用。

首先，利用预算线——无差异曲线工具，从理论的角度分析了子代偏好相同和子代存在偏好差异的情况下，代际财富转移、父代对子代人力资本投入等代际因素对子代收入差距的作用。模型分析结果显示，子代偏好相同时，父代对子代更多的代际财富转移和人力资本投入均可以加大子代个体的收入分配差距；更多的父代财富和人力资本投入给"以工作为乐"的子代时，也会加大子代间的收入分配差距；若具有享乐精神的子代从父代获得较多的财富转移或人力资本投入，则会缩小子代间由代内因素形成的收入差距。代际收入流动会对子代居民的收入差距产生影响，进而影响到子代居民的消费差距。

其次，使用中国家庭追踪调查（CFPS）数据库数据测度我国居民的基尼系数及其变化趋势，并分析代际收入流动水平对子代居民基尼系数的影响。结果显示，2010～2018 年，我国的基尼系数为 0.4271，居民收入分配差距偏大，且城镇居民的基尼系数高于农村居民。从变化趋势来看，我国居民基尼系数虽然有起伏变化，但总体呈下降的趋势。从代际收入流动水平对居民基尼系数的影响来看，代际收入弹性对居民的基尼系数有显著正向作用，代际收入弹性每上升 0.1，子代居民的基尼系数会提高大约 0.01。从这一结论可以推出，提高居民代际收入流动性，有助于缩小我国居民的收入差距，也有助于缩小居民的消费差距。除了代际收入弹性之外，居民政治属性等因素会对基尼系数产生显著的正向作用，居民的家庭净财产、职业社会地位等对基尼系数则有显著的负向作用。根据基础回归的估计结果，采用夏普利值分解方法估算代际收入弹性对基尼系数的解释贡献程度，得出的结论为：代际因素对居民收入差距的贡献度为 27.5%，代内因素对居民收入差距的贡献度约为 72.5%。代际因素对居民收入差距的显著作用也意味着其对居民消费差距同样会有明显影响，要缩小居民的消费差距，代际收入流动问题是一个重要的切入点。

最后，从代际收入流动方向和城乡两个角度进一步讨论代际收入流动水平对居民消费差距影响的差异性。从代际收入流动方向的角度来看，阶层相对固定的组别，其居民消费差距受代际收入弹性的影响程度明显高于代际收入向上流动和代际收入向下流动的组别。在代际收入向下流动、代际收入向上流动和阶层相对固定的组别中，代际收入弹性对居民基尼系数的贡献度分别为 20.01%、26.45% 和 31.25%，对于代际收入向下流动的群体而言，代际收入流动对居民收入差距的贡献程度明

显低于代际收入向上流动和阶层相对固定的群体。从城乡的角度来看，
我国城镇居民的代际收入流动水平比农村居民低，提高居民的代际收入
流动水平，对城镇居民收入差距和消费差距的缩小作用明显高于农村居
民；代际收入弹性对城镇居民基尼系数的贡献度为 20.37%，对农村居
民基尼系数的贡献度为 29.96%，代际收入流动对农村居民收入差距和
消费差距的贡献度高于城镇居民。

第6章

代际收入流动对居民消费倾向的影响

2000～2020年，我国的居民消费支出以平均20%以上的速度逐年提高，消费支出对我国经济增长的贡献率近几年已经超过60%，成为经济增长的最大动力。但与较快的增长速度相比，我国居民人均消费支出水平仍旧偏低。影响居民消费的最主要因素是收入水平，因此，我国居民人均消费支出水平偏低与我国的人均收入水平有直接关系。然而，即使在与我国人均收入水平相当的金砖国家中，我国居民人均消费支出也处于较低水平。由此可以判断，除了收入水平之外，消费率和消费倾向偏低、消费意愿不强是导致我国居民消费支出偏低的又一重要原因，也是打造畅通的国内大循环格局所必须疏通的重要堵点。

需求和供给是相辅相成的，我国居民消费意愿不强与我国经济存在的供需错位有很大关系。但除此之外，还有以下三方面原因导致居民消费意愿、消费倾向偏低：一是传统文化思想的作用。中华传统文化中崇尚"节俭"，同时也讲求"安居乐业"，在"节俭"文化的作用下，我国居民在消费时更加克制，更加精打细算；而"安居"思想则使我国居民对住房有着更加执着的追求，购房压力同样限制了居民的消费意愿，使之维持高比例储蓄。二是"防"字诀的影响。我国目前医疗、养老等方面的社会保障机制尚不健全，较之购买保险，我国居民更习惯于以高储蓄率来应对社会保障机制不健全带来的不确定性风险，"存钱防老""存钱防病"等思维导致居民在消费时更加谨慎，抑制了消费意愿和消费倾向。三是"子孙经"的影响。与西方文化强调个人主义不同，中国文化更强调集体和家族意识，因此，我国居民在代际间有着更强的关联。同时，我国居民对子孙的重视程度明显强于对父辈祖辈的重视程度，所以父代居民对于子代会表现出更强的利他主义，也可以称之为"牺牲精神"。省吃俭用为了给子孙积累更多的财富，也会使得父代甚至祖代维持低消费意愿，当人口结构出现老龄化趋势时，这种父代的低消费意愿会对居民整体的消费倾向产生显著影响。

本章从代际的视角考察代际收入流动对我国居民消费倾向的作用；测算影响居民消费倾向的诸因素中，代际因素的贡献度水平；并从代际收入流动方向和城乡的角度展开代际收入流动对居民消费倾向影响的差异性分析。

6.1 理论模型与研究假设

6.1.1 基本模型——三期 OLG 模型

本章的理论模型以戴蒙德的世代交叠模型（OLG）为基础，并对其基本模型进行了拓展。戴蒙德在模型中假设人口新老交替的过程中，个人生存分为两期：青年期和老年期。在青年期，个人要进行工作并获取劳动收入，在老年期，个人没有劳动收入，其生活支出依赖于青年期的储蓄及利息收入。考虑到父母对子女的教育投入以及子女的人力资本形成主要集中在子女的未成年阶段，本文把个体的生存期分为三个阶段：青少年期（1）、中年期（2）和老年期（3）。在青少年期，个体尚不具备工作能力，因此需要由父母抚养，同时，青年期也是个体通过教育等途径进行人力资本积累的主要阶段；在中年期，个体参加工作并通过劳动获得个人收入，承担养育子女、支付子女教育支出的责任，与此同时，也可能与其父代产生财富的转移（转出或转入）；在老年期，个体没有劳动能力，因此无法继续获得劳动收入，由于其父代已经消亡，所以在这一阶段，个体仅与其子代间产生财富的转移，个体的生活支出由中年期的储蓄和与子代间的财富转移情况共同决定。

用 1、2、3 表示青少年期、中年期和老年期三个生命阶段，用 t 表示经济个体，$t-1$ 表示其父代，$t+1$ 表示其子代。考虑到经济个体的利他性动机，可以将其效用函数综合表示为如下形式：

$$U_t = \ln C_{2,t} + \theta_1 \ln C_{3,t} + \theta_2 \cdot n \ln Y_{2,t+1} + \gamma_1 \ln C_{3,t-1} \qquad (6.1)$$

其中，$C_{2,t}$ 和 $C_{3,t}$ 分别表示个体在中年期和老年期的消费水平，$Y_{2,t+1}$ 表示其单个子女在中年期的收入水平；$C_{3,t-1}$ 表示其父代在老年期的消费水平；θ_1 为时间贴现因子，θ_2 和 γ_1 分别表示个体对其子代和父代的利他倾向，n 为子女数量。

根据模型的假设，每个经济个体只有在中年期才能通过工作获取收入。因此在中年期，个体的收入除了要支付自身当期的消费之外，也要兼顾未成年子女的教育支出，同时，还要进行储蓄以满足老年期的消费支出。即：

$$C_{2,t} = Y_{2,t} - nI_{1,t+1} + B_{3,t-1} - S_{2,t} \qquad (6.2)$$

式（6.2）中，$C_{2,t}$ 和 $Y_{2,t}$ 分别表示经济个体在中年期的消费支出和收入水平；$I_{1,t+1}$ 表示经济个体对单个未成年子女的教育支出；$S_{2,t}$ 表示经济个体在中年期的储蓄；$B_{3,t-1}$ 表示父代对个体的财富转移，$B_{3,t-1}>0$ 时，表示父代对经济个体存在财富转移，$B_{3,t-1}<0$ 时，表示经济个体对父代有财富转移。

经济个体在老年期的消费主要取决于两方面：一是中年期的储蓄及利息收入；二是老年期对子女的财富转移量。用函数表示为：

$$C_{3,t} = (1+r) \cdot S_{2,t} - nB_{2,t+1} \qquad (6.3)$$

其中，$C_{3,t}$ 表示经济个体在老年期的消费支出，r 为利率水平。$B_{2,t+1}$ 表示经济个体对单个子女的财富转移。若 $B_{2,t+1}$ 为负，则意味着子女对经济个体有财富转移。

经济个体对子代的教育支出水平、子代的个人天赋和机遇等因素会决定子代在中年期的收入水平 $Y_{2,t+1}$，根据柯布—道格拉斯函数形式，把子代在中年期的收入表示为：

$$Y_{2,t+1} = (\alpha_1 I_{1,t+1} + \alpha_2)^\beta (B_{2,t+1} + H)^{1-\beta}, \ \beta \in (0, 1) \qquad (6.4)$$

式（6.4）中，α_1 为教育回报率，α_2 表示子代的个人天赋水平，$I_{1,t+1}$ 表示经济个体对单个未成年子女的教育支出，H 为机遇运气等外在因素带来的资本量，且 α_1、α_1、$H>0$。

经济个体的父代在老年期的消费水平取决于父代自身的财富积累和父代对个体给予的财富转移，表达式为：

$$C_{3,t-1} = W_{2,t-1} - B_{3,t-1} \qquad (6.5)$$

式中，$C_{3,t-1}$ 表示经济个体的父代在老年期的消费支出，$W_{2,t-1}$ 表示父代在中年期的财富积累，将其视为外生变量。

在式（6.2）~ 式（6.5）的约束条件下，求经济个体效用最大化时的均衡解，可以得出：

$$I_{1,t+1}^{(*)} = \frac{\theta_2\beta}{1+\theta_1+n\beta\theta_2}\Big[\, Y_{2,t} + B_{3,t-1} - \frac{n}{1+r}B_{2,t+1} - \frac{\alpha_2(1+\theta_1)}{\alpha_1\theta_2\beta}\,\Big]$$
$$(6.6)$$

$$S_{2,t}^{(*)} = \frac{1}{1+\theta_1+n\beta\theta_2}\Big[\, \theta_1(Y_{2,t} + B_{3,t-1}) + \frac{1+n\beta\theta_2}{1+r}nB_{2,t+1} + \frac{n\alpha_2\theta_1}{\alpha_1}\,\Big]$$
$$(6.7)$$

$$C_{2,t}^{(*)} = \frac{1}{1+\theta_1+n\beta\theta_2}\Big(Y_{2,t} + B_{3,t-1} + \frac{n\theta_1}{1+r}B_{2,t+1} + \frac{n\alpha_2}{\alpha_1}\Big)^① \qquad (6.8)$$

$$C_{2,t}^{(*)} + nI_{1,t+1}^{(*)} = \frac{1}{1+\theta_1+n\beta\theta_2}\Big[\, (1+n\theta_2\beta)(Y_{2,t} + B_{3,t-1})$$
$$+ \frac{n(\theta_1 - n\theta_2\beta)}{1+r}B_{2,t+1} - \frac{n\alpha_2\theta_1}{\alpha_1}\,\Big] \qquad (6.9)$$

式（6.6）求出的是经济个体效用最大化时对单个未成年子女的教育支出规模；式（6.7）求得的是经济个体在中年期的最优储蓄量；式（6.9）求得的是均衡时经济个体包括对子女教育支出在内的消费支出总量。

由式（6.9）可以进一步得出均衡时经济个体的边际消费倾向 c_1^*，如式（6.10）所示：

$$c_1^* = \partial(C_{2,t}^{(*)} + nI_{1,t+1}^{(*)})/\partial Y_{2,t} = \frac{1+n\theta_2\beta}{1+\theta_1+n\beta\theta_2} \qquad (6.10)$$

用代际收入弹性（IGE）来衡量代际收入流动水平的强弱，根据索伦的定义，代际收入弹性可以表示为：

$$IGE = \frac{\partial \ln Y_{2,t+1}}{\partial \ln Y_{2,t}} \qquad (6.11)$$

通过式（6.11）可以看出，代际收入弹性测算的是子代收入与父代收入的关联程度。IGE 的计算结果越大，说明子代收入对父代收入的

---

① 消费中不包括经济个体为子代支付的教育费用。

依赖性更突出,此时子代与父代处于同一收入等级的可能性较大,即代际收入流动平较低。

将式 (6.6) 代入式 (6.4),并结合式 (6.11) *IGE* 的计算思路,可以求得:

$$IGE = \frac{\partial \ln Y_{2,t+1}}{\partial \ln Y_{2,t}} = \frac{(1+r)\alpha_1 \beta Y_{2,t}}{(1+r)\alpha_1(Y_{2,t}+B_{3,t-1}) - n\alpha_1 B_{2,t+1} + n\alpha_2(1+r)}$$

$$(6.12)$$

6.1.2 对理论模型的进一步分析

根据式 (6.10) 和式 (6.12),可以求出边际消费倾向与代际收入弹性的边际效应:

$$\frac{\partial c_1^*}{\partial IGE} = \frac{n\theta_1\theta_2[\alpha_1(1+r)(Y_{2,t}+B_{3,t-1}) - \alpha_1 nB_{2,t+1} + n\alpha_2(1+r)]}{\alpha_1(1+r)Y_{2,t}(1+\theta_1+n\beta\theta_2)^2}$$

$$(6.13)$$

由式 (6.2)、式 (6.3) 可以得出:$Y_{2,t}+B_{3,t-1} > S_{2,t}$ 且 $(1+r) \cdot S_{2,t} > nB_{2,t+1}$,所以,$(1+r)(Y_{2,t}+B_{3,t-1}) > nB_{2,t+1}$。由此可进一步推出式 (6.13) 的计算结果为正值,即 $\frac{\partial c_1^*}{\partial IGE} > 0$。这意味着代际收入弹性越大,父代家庭边际消费倾向越大。

理论模型中子代和父代的代际经济关联主要表现在两方面:财富的直接转移和父代对子代的教育投入。从收入结构角度看,财富直接转移多以货币或实物为载体,如果父代对子代的财富直接转移可以为子代带来收入,那么这类收入主要以财产性收入的形式体现;父代对子代的教育投入则会反映在子代的人力资本水平上,而人力资本水平直接决定工资性收入和经营性收入水平。近十年,我国居民的收入构成中,财产性收入占比约在 7% ~ 9%,工资性和经营性收入占比超过 70%。[①] 这意味着,对于绝大多数家庭而言,若让子代维持与父代相同的收入等级,仅凭财富直接转移是很难实现的。在"财富直接转移"和"对子代教育支出"二者中,后者在子代收入中发挥的作用会

---

① 资料来源:由国家统计局网数据计算而得。

更明显。

代际收入弹性较大时，子代与父代处于同一收入等级的可能性变大，也可以理解为，子代超越父代的难度加大。假设父代有为子代积累财富的能力并且对子代有既定的收入预期，那么为了助力子代达到预期收入水平，同时实现自身效用最大化，父代需要在"财富直接转移"和"对子代教育支出"间进行权衡。而基于现实的收入结构考量，父代将会更倾向于缩小财富直接转移规模、加大对子代的教育支出。若把父代的储蓄看作财富直接转移的来源，将父代对子代的教育支出视为父代消费的一部分，"缩小财富转移规模、加大对子代的教育支出"的选择将会导致父代降低储蓄的同时加大消费支出，父代的边际消费倾向也会随之提高。

基于以上分析推论，可以得出：

假设1：代际收入弹性IGE与父代居民边际消费倾向正相关。

还需要进一步考虑的是，财富代际转移规模以父代的储蓄能力为基础，而储蓄能力又直接决定于收入水平。处于低收入等级的父代，即父代收入水平较低时，其子代从父代处获得的直接转移财富将会很少，子代实现代际超越会在更大程度上依赖父代教育投入的助推。此时，面对较高的代际收入弹性，子代脱离低收入等级的难度加大，若父代对子代的代际跨越持有消极态度，那么父代有可能缩小为子代进行财富积累的同时，也减少对子代的教育支出，转而增加家庭其他方面的消费；若父代对子代的代际跨越持积极态度，则有可能增加对子代的教育支出，增加的教育支出一部分来自父代的储蓄，但由于低收入群体的储蓄能力有限，所以还有一部分来自父代在其他消费支出上的"节衣缩食"。不管是将缩减的子代教育支出转用于其他消费，还是将缩减的其他消费用于子代教育支出，这种替代都属于消费支出内部结构的调整，不会对消费倾向造成影响。能够影响消费倾向的，是父代对储蓄规模的调节。上文已述，低收入群体的储蓄能力和储蓄规模较低，因此其消费倾向受代际因素的影响也会相对小一些。结合我国长期以来存在城乡收入差距这一事实，进一步推测：

假设2：代际收入弹性IGE对农村居民边际消费倾向的影响小于对城镇居民边际消费倾向的影响。

6.2　实证模型与变量说明

6.2.1　模型设定

1. 边际消费倾向

根据传统消费理论，用家庭收入和家庭消费支出对式（6.14）进行估计，便可以大致测算我国居民家庭的边际消费倾向。

$$C = a_0 + a_1 Y + a_2 age + a_3 edu + a_4 asset + a_5 health + \varepsilon \tag{6.14}$$

式（6.14）中，C 表示家庭的年消费支出，Y 表示家庭的年收入水平，age、edu 表示年龄与受教育程度，$asset$、$health$ 表示家庭净财产和健康情况，式中 a_1 即为边际消费倾向。根据式（6.14），可以分别估计子代和父代的边际消费倾向，如果式（6.14）中的消费支出、收入水平、年龄、健康情况和家庭净资产等指标选择的是子代数据，那么估计的结果就是子代的边际消费倾向，如果使用的是父代数据，则估计的结果就是父代的边际消费倾向。

2. 代际收入弹性与消费倾向

根据上文理论分析的结论，在测算出代际收入弹性和居民边际消费倾向的前提下，构建以代际收入弹性为解释变量，消费倾向为被解释变量的基础线性模型。除了代际因素之外，居民的教育水平、收入水平、消费环境等因素也会影响其消费倾向，因此在模型中加入受教育程度、收入水平、年龄、省份等控制变量。

$$
\begin{aligned}
c_0 = {} & d_1 + d_2 IGE + d_3 Y_0 + d_4 asset_0 + d_5 age_0 + d_6 age_1 + d_7 edu_0 \\
& + d_8 union_0 + d_9 health_0 + d_{10} marry_0 + \mu_3
\end{aligned} \tag{6.15}
$$

$$
\begin{aligned}
c_1 = {} & h_1 + h_2 IGE + h_3 Y_1 + h_4 asset_1 + h_5 age_0 + h_6 age_1 + h_7 edu_1 \\
& + h_8 union_1 + h_9 health_1 + h_{10} marry_1 + \mu_4
\end{aligned} \tag{6.16}
$$

式（6.15）、式（6.16）中，c_0 是父代家庭的边际消费倾向，c_1 是子代家庭的边际消费倾向。IGE 是代际收入弹性，Y、$asset$、age、edu、 *health*、*marry*、*union* 分别代表收入水平、家庭净财产、年龄、受教育程度、健康情况、婚姻状况、是否加入工会等情况，0 代表父代，1 代表子代；系数 d_2 与 h_2 则反映了代际收入弹性对父代和子代家庭边际消费倾向的影响程度。

6.2.2　数据来源、变量说明和主要变量描述性统计

1. 数据来源

与前面章节相同，本章所使用的微观数据来自中国家庭追踪调查（CFPS）数据库 2010 年、2012 年、2014 年、2016 年和 2018 年数据，根据个人编码、父亲编码和母亲编码将子代和父母的数据进行匹配后，将子代的年龄限制在 25~45 岁，并剔除子代处于读书阶段的样本和父代年龄超过 70 岁的样本。另外，删除了子代或父代年龄缺失、子代个人年收入和父代家庭收入低于 500 元，以及其他主要变量中存在空白项和无效数据的样本，最终获得有效数据 3395 组[①]。

2. 变量说明和主要变量描述性统计

变量说明和主要变量描述性统计如表 6-1 和表 6-2 所示。

表 6-1　　　　　　　　　　　　变量说明

变量	指标含义	构建方法
Y_1	子代收入水平	子代过去 12 个月获得的全部收入（元）
Y_0	父代收入水平	过去 12 个月父母全部收入的加总（元）
C_0	父代家庭消费支出	父代家庭过去一年中各类消费支出总额
C_1	子代家庭消费支出	子代家庭过去一年中各类消费支出总额
c_0	父代边际消费倾向	$c_0 = \dfrac{\Delta C_0}{\Delta Y_0}$

---

① 由于模型选取的控制变量与前面章节有所不同，所以本章的有效样本数量与前面章节略有差异。

续表

变量	指标含义	构建方法
c_1	子代边际消费倾向	$c_1 = \dfrac{\Delta C_1}{\Delta Y_1}$
IGE	代际收入弹性	$IGE = \dfrac{\partial \ln Y_1}{\partial \ln Y_0}$
age_0	父代年龄	父亲年龄（岁）
age_1	子代年龄	子代年龄（岁）
edu_0	父代的受教育程度	父亲的受教育年限
edu_1	子代的受教育程度	子代的受教育年限
$asset_0$	父代家庭净财产	父代房产价值 + 现金及存款 + 金融产品总价值
$asset_1$	子代家庭净财产	子代房产价值 + 现金及存款 + 金融产品总价值

表 6 - 2　　　　　　　　　　　主要变量描述性统计

变量	观察值	均值	标准差	最小值	最大值
Y_1	3395	39592	46522.61	500	1200000
Y_0	3395	32283	37613.36	500	750000
C_1	3395	63613	67299.11	360	827520
C_0	3395	55865	50202.48	1193	240378
age_1	3395	29.71	3.935	25	40
age_0	3395	56.073	5.473	42	70
edu_1	3395	9.84	5.064	1	23
edu_0	3395	7.82	4.003	0	16

6.3　实证结果

6.3.1　中国居民的消费倾向

本书第 4 章虽然也用 CFPS 数据库从微观角度测算了我国居民的边

际消费倾向，但是在对样本进行清理时，仅仅考虑了与消费倾向相关的指标，得到的样本数量远高于估计居民代际收入流动水平使用的样本数量。如果要分析代际收入流动对居民消费倾向的影响，所使用的样本数据不能存在较大的偏差。因此，本章使用上文获得的 3395 组有效样本，用 CPI 指数对各名义变量进行处理，统一折算为 2018 年的水平，并结合式（6.14），在控制年份虚拟变量的基础上，分别估计我国居民父代和子代的边际消费倾向。为了剔除极端值对估计结果的影响，对父代、子代家庭收入和消费支出进行 2% 的双侧缩尾处理，估计结果如表 6 - 3 和表 6 - 4 所示。

表 6 - 3　　　　　　2010 ～ 2018 年我国居民父代边际消费倾向

变量	因变量：父代家庭消费支出（C_0）					
	2010 ～ 2018 年混合样本	2010 年	2012 年	2014 年	2016 年	2018 年
Y_0	0.302 *** (24.65)	0.282 *** (12.98)	0.217 *** (8.88)	0.262 *** (4.97)	0.358 *** (5.50)	0.307 *** (14.73)
age_0	323.235 ** (2.31)	− 97.503 (− 0.48)	248.254 (0.99)	718.585 (1.37)	705.620 (0.87)	467.557 * (1.74)
edu_0	302.265 (0.42)	683.423 (0.52)	1198.555 (0.90)	2167.920 (0.28)	− 8.0e + 03 (− 1.49)	− 495.289 (− 0.45)
$asset_0$	0.000 (1.16)	0.003 ** (2.32)	0.008 *** (5.98)	− 0.000 (− 0.35)	− 0.027 (− 0.71)	0.002 ** (2.12)
$union_0$	3021.192 (1.05)	− 5.3e + 03 (− 1.05)	− 1.3e + 03 (− 0.18)	4.2e + 04 ** (2.41)	1.2e + 04 (0.79)	3123.644 (0.76)
$health_0$	523.346 (1.23)	− 83.630 (− 0.10)	961.397 (0.89)	2437.569 (0.96)	3311.250 * (1.66)	− 501.548 (− 0.84)
_cons	− 2.6e + 03 (− 0.31)	2.4e + 04 * (1.85)	3676.789 (0.22)	− 1.7e + 04 (− 0.48)	2.0e + 04 (0.43)	5461.926 (0.35)
年份控制	Y	N	N	N	N	N
N	3395	738	1052	289	215	1101
$r2\_a$	0.292	0.324	0.234	0.220	0.281	0.298
F	97.123	33.425	31.764	5.930	7.958	47.426

注：小括号内为回归系数的 t 值，* 、** 、*** 分别表示 10% 、5% 和 1% 的置信水平上显著。

表 6 - 4　　　　　　　2010～2018 年我国居民子代边际消费倾向

变量	因变量：子代家庭消费支出（C_1）					
	2010～2018 年混合样本	2010 年	2012 年	2014 年	2016 年	2018 年
Y_1	0.328 *** (20.29)	0.259 *** (11.23)	0.274 *** (8.72)	0.289 *** (4.09)	0.216 * (1.67)	0.333 *** (12.30)
age_1	976.053 *** (3.67)	623.205 ** (2.26)	828.130 * (1.81)	1414.763 (1.50)	-1.5e+03 (-0.67)	1377.262 ** (2.55)
edu_1	3060.824 *** (3.78)	2903.186 *** (2.87)	3843.596 *** (2.70)	5283.609 (1.00)	6160.651 (1.16)	-398.353 (-0.25)
$asset_1$	0.000 * (1.65)	0.003 ** (1.99)	0.012 *** (7.00)	-0.000 (-0.30)	0.015 (0.60)	0.003 ** (2.18)
$union_1$	1.2e+04 *** (2.96)	3203.257 (0.46)	1.0e+04 (1.06)	3.5e+04 * (1.73)	1.7e+04 (0.71)	1.5e+04 ** (2.57)
$health_1$	1318.711 *** (3.05)	1575.836 (1.56)	1164.368 (1.27)	1326.920 (0.32)	4336.606 * (1.83)	553.223 (0.86)
_cons	-2.7e+04 *** (-3.02)	-1.4e+04 (-1.26)	-2.3e+04 (-1.54)	-1.4e+04 (-0.33)	8.7e+04 (1.26)	-8.0e+03 (-0.42)
年份控制	Y	N	N	N	N	N
N	3395	738	1052	289	215	1101
$r2\_a$	0.266	0.308	0.255	0.173	0.162	0.234
F	87.398	31.900	39.494	4.144	2.288	39.346

注：小括号内为回归系数的 t 值，*、**、*** 分别表示 10%、5% 和 1% 的置信水平上显著。

　　受样本数量的影响，表 6 - 3、表 6 - 4 估计的居民边际消费倾向与第 4 章表 4 - 1 的估计结果有一定差异，整体水平低于表 4 - 1 的估计结果，但得到的居民边际消费倾向的变化趋势与第 4 章的结果完全一致。混合样本的估计结果显示，家庭收入和年龄对父代家庭消费支出有显著正向影响，父代家庭的边际消费倾向为 30.2%；家庭收入、年龄、文化程度、家庭净财产和健康程度等对子代家庭消费支出有显著正向作用，子代家庭的边际消费倾向高于父代，为 32.8%。从变化趋势来看，2010～2018 年，我国居民父代和子代家庭边际消费倾向均呈起伏状，在 20%～35% 区间波动。

6.3.2 代际收入流动对中国居民消费倾向的影响

本部分主要考察代际收入流动水平对我国居民消费倾向的影响。但是前面对代际收入流动水平和边际消费倾向的估计，主要是用混合样本或者年度样本进行估计，得到的代际收入弹性和边际消费倾向的结果仅有 5~6 个，这样的数量是无法进一步结合式（6.15）和式（6.16）做实证分析的。因此，本部分选择对已清理的 3300 多个样本按省份和年份进行分组，可以得到 116 个分组①，将估计的各组别居民代际收入弹性以及父代和子代家庭的边际消费倾向对样本进行赋值，再根据式（6.15）和式（6.16）分析代际收入流动水平对居民消费倾向的作用。

1. 基准回归

首先，考察代际收入流动水平对我国居民父代家庭消费倾向的作用。用整理好的数据对式（6.15）进行基础回归后，得到代际收入弹性对居民边际消费倾向的影响程度，并对模型进行了异方差、自相关和多重共线性检验，相关 White 检验、BG 检验结果的 p 值均大于 0.05，各解释变量和控制变量的 VIF 值均明显低于 10，所以认为该模型不存在异方差、自相关和多重共线性问题（相关检验结果见表 6 - 5）。另外，为了防止可能存在的内生性问题影响模型的估计结果，对式（6.15）选择将父代的民族成分和所处的省份作为工具变量，进行 2SLS 估计，OLS 和 2SLS 的具体估计结果见表 6 - 6 左侧部分。

表 6 - 5　　　　异方差、自相关和多重共线性检验结果
[式（6.15）、式（6.16）]

	式（6.15）	式（6.16）
异方差检验 White's test（p 值）	0.5463	0.0000
自相关检验 Breusch - Godfrey LM test（p 值）	lags（1）0.6657 lags（2）0.5473	lags（1）0.1624 lags（2）0.2347
多重共线性检验 Mean VIF	1.32	1.32

---

① 海南、青海、宁夏、新疆四省因各年份的样本量太少，无法形成有效分组，故将相关样本删除。

表 6 - 6　　　　　2010 ~ 2018 年中国居民代际收入弹性对消费倾向的影响

变量	因变量：父代边际消费倾向 c_0 式（6.15）		变量	因变量：子代边际消费倾向 c_1 式（6.16）	
	OLS	2SLS		OLS	2SLS
IGE	0.454** (2.51)	0.245* (1.65)	IGE	-0.253* (-1.79)	-0.298* (-1.88)
Y_0	-0.000*** (-2.90)	-0.000*** (-4.17)	Y_1	-0.000** (-2.33)	-0.000*** (-3.51)
$asset_0$	0.000** (2.13)	0.000*** (7.03)	$asset_1$	0.000** (2.54)	0.000*** (6.81)
age_0	0.001 (0.23)	0.005*** (3.15)	age_1	0.003** (2.04)	0.001* (1.86)
age_1	-0.009 (-1.46)	-0.011* (-1.72)	age_0	0.004 (0.35)	0.002 (1.59)
edu_0	-0.026* (-1.66)	-0.006** (-2.08)	edu_1	0.024 (1.69)	0.011** (2.31)
$marry_0$	0.041 (0.43)	0.021* (1.81)	$marry_1$	0.032* (1.72)	0.002 (0.25)
$health_0$	-0.093*** (-2.84)	0.003 (1.37)	$health_1$	-0.038 (-0.68)	0.004** (2.23)
$union_0$	0.096 (0.83)	-0.001 (-0.07)	$union_1$	0.037 (1.62)	0.002 (0.10)
_cons	1.142** (2.01)	1.162** (2.03)	_cons	0.141** (2.00)	0.110* (1.82)
年份控制	Y	Y	年份控制	Y	Y
N	3337	3337	N	3337	3337
r2_a	0.017	0.029	r2_a	0.013	0.050
F	1.894	10.921	F	1.657	10.387

注：小括号内为回归系数的 t 值，*、**、*** 分别表示 10%、5% 和 1% 的置信水平上显著。

　　其次，按照同样的分析思路，结合式（6.16）考察代际收入流动水平对我国居民子代家庭消费倾向的作用。检验结果显示，模型不存在自相关和多重共线性问题，但可能存在异方差，因此选择用稳健标准误对式（6.16）进行回归估计（相关检验结果见表6-5）。同时，也为了防止可能存在的内生性问题，选择将子代的民族成分和所处的省份作为工具变量，进行2SLS估计，OLS和2SLS的具体估计结果见表6-6右侧部分。

表6-7给出了工具变量有效性的检验结果，式（6.15）弱工具变量检验结果的F值为28.417，式（6.16）弱工具变量检验结果的F值为30.847，故不存在弱工具变量问题；另外，过度识别检验的结果明显大于0.05（Hansen检验的p值分别为0.7788和0.5579），内生性检验的p值也大于0.05，因此可以判断，工具变量不存在过度识别和内生性问题。故而，选择将父代和子代的民族成分和所处的省份作为工具变量来估计代际收入弹性对父代家庭与子代家庭边际消费倾向的影响是有效的，表6-6的2SLS估计结果具有可信度。

表6-7   工具变量有效性检验结果 [式（6.15）、式（6.16）]

	式（6.15）	式（6.16）
弱工具变量检验 Cragg - Donald Wald（F值）	28.417	30.847
过度识别检验 Hansen J statistic（p值）	0.7788	0.5579
内生性检验 Endogeneity test（p值）	0.0685	0.4214

从表6-6的结果可以看出，2SLS估计的代际收入弹性对居民边际消费倾向的影响系数与OLS的估计结果有一定的差异，但两种估计结果均反映了代际收入弹性对父代家庭边际消费倾向存在显著的正向作用，对子代家庭边际消费倾向存在显著的反向作用，这与理论模型的分析结论（假设1）一致。根据2SLS的估计结果来看，居民代际收入弹性每上升0.1，父代家庭的边际消费倾向就会提高0.0245，而子代家庭的边际消费倾向则会下降0.0298。也就是说，提高居民的代际收入流动水平，会降低父代的消费倾向，但却会提高子代的消费倾向。

代际收入弹性较高时，居民的代际收入流动水平较低，这也意味着子代收入对父代收入水平的依赖性较大，换言之，子代收入的高低在很大程度上要仰仗于父代。对于中高收入阶层的人群来说，此时父代凭借其已有的社会地位或收入水平，可以较轻松地把子代巩固在自己所处的阶层中，为子代收入的不确定性而进行储蓄的压力较小，同时，父代也有能力在一定程度上承担子代的消费支出，表现为父代收入和子代消费的深度捆绑，从而导致父代的边际消费倾向上升，而子代的边际消费倾向下降。对于中低收入阶层的人群来说，代际收入弹性较高时，父代想通过自身财富积累帮助子代实现阶层跨越的难度较大，因此会削弱父代为子代储蓄的意愿。另外，父代较低的收入水平使子代在人力资本积累方面存在先天的劣势，导致子代成年后面临更强的收入约束和信贷约束。收入约束和信贷约束在限制子代对自身进行人力资本投资的同时，也会加大子代对未来的不确定性预期，从而提高储蓄意愿。

2. 稳健性检验

为了进一步保证基准回归结果的稳健性和可靠性，本部分采取更换核心解释变量指标的方法进行稳健性检验。核心解释变量指标由"代际收入弹性"替换为"代际收入秩关联系数（IGC）"。更换了代际收入流动水平的衡量指标后，对模型再次进行回归，具体结果如表 6 - 8 所示。

表 6 - 8　　　　　　　　　　稳健性检验

变量	父代边际消费倾向 c_0 （1）	变量	子代边际消费倾向 c_1 （2）
IGC	0.283 *** (2.74)	IGC	- 0.246 *** (- 3.19)
Y_0	- 0.000 * (- 1.65)	Y_1	- 0.000 ** (- 2.19)
$asset_0$	0.000 ** (2.44)	$asset_1$	0.000 ** (2.56)
age_0	- 0.013 (- 0.44)	age_1	0.000 (0.20)
age_1	0.027 (1.50)	age_0	0.001 (0.38)
edu_0	0.015 (0.45)	edu_1	0.006 (1.08)
$marry_0$	0.134 (1.05)	$marry_1$	- 0.017 * (- 1.66)

变量	父代边际消费倾向 c_0（1）	变量	子代边际消费倾向 c_1（2）
$health_0$	− 0.045 ** （− 2.03）	$health_1$	− 0.034 * （− 1.69）
$union_0$	0.024 （0.15）	$union_1$	0.039 * （1.75）
_cons	0.208 （0.13）	_cons	0.176 *** （2.58）
年份控制	Y	年份控制	Y
N	3337	N	3337
$r2\_a$	0.009	$r2\_a$	0.018
F	2.250	F	4.796

注：小括号内为回归系数的 t 值，*、**、*** 分别表示 10%、5% 和 1% 的置信水平上显著。

表 6 – 8 中，第（1）列是更换了核心解释变量指标后对父代边际消费倾向的估计结果，结果显示，代际收入秩关联系数对父代的边际消费倾向有显著的正向作用。第（2）列是更换了解释变量指标后对子代边际消费倾向的估计结果，可以看出，代际收入秩关联系数对子代的边际消费倾向有显著的负向作用。代际收入秩关联系数对父代、子代边际消费倾向的影响与上文的估计结果具有较强的一致性。

3. 中介效应分析

根据理论模型分析，代际收入流动对居民消费倾向产生作用，是通过代际财富转移、人力资本投入等渠道实现的。为了进一步揭示代际收入流动与居民边际消费倾向的内在联系，本部分构建中介效应模型对其作用机制进行实证检验。基于与第 5 章相同的理由，本部分选择"子代的受教育程度"和"子代家庭净财产"作为中介变量，构建中介效应模型如下：

$$c = \alpha_1 + \alpha_2 IGE + \alpha_3 X + \varepsilon_1 \tag{6.17}$$

$$M = \beta_1 + \beta_2 IGE + \beta_3 X + \varepsilon_2 \tag{6.18}$$

$$c = \gamma_1 + \gamma_2 IGE + \gamma_3 M + \gamma_4 X + \varepsilon_3 \tag{6.19}$$

模型中，M 表示子代的受教育程度（edu_1）和家庭净财产（$asset_1$）两个中介变量，X 表示收入水平、年龄、健康程度等控制变量，各变量的数据来源和测算方法与基准回归相同，检验结果如表 6-9 所示。

表 6-9 代际收入流动影响居民消费倾向的机制检验（中介效应）

被解释变量：父代居民消费倾向					
变量	c_0 (1)	edu_1 (2)	$asset_1$ (3)	c_0 (4)	c_0 (5)
IGE	0.454** (2.51)	-2.254*** (-4.48)	-4.0e+04*** (-2.73)	0.453*** (4.08)	0.402*** (4.06)
edu_1					-0.023* (-1.66)
$asset_1$				0.000 (0.16)	
控制变量	控制	控制	控制	控制	控制
_cons	1.142** (2.01)	4.316** (2.34)	2.5e+05* (1.88)	-0.076 (-0.33)	-0.164 (-0.68)
N	3337	3337	3337	3337	3337

被解释变量：子代居民消费倾向					
变量	c_1 (6)	edu_1 (7)	$asset_1$ (8)	c_1 (9)	c_1 (10)
IGE	-0.337*** (-2.95)	-2.165*** (-4.09)	-4.3e+04* (-1.90)	-0.277*** (-2.95)	-0.285*** (-2.99)
edu_1					0.024* (1.90)
$asset_1$				0.000** (2.56)	
控制变量	控制	控制	控制	控制	控制
_cons	0.763** (2.37)	4.772*** (16.83)	-9.7e+05* (-1.77)	0.764** (2.38)	0.879** (2.21)
N	3337	3337	3337	3337	3337

注：小括号内为回归系数的 t 值，*、**、*** 分别表示 10%、5% 和 1% 的置信水平上显著。

表 6-9 第（1）、第（6）列显示，代际收入弹性对父代居民边际消费倾向的系数显著为正，对子代居民边际消费倾向的系数显著为负，其结果可以反映代际收入弹性对父代和子代居民边际消费倾向的总效应；第（2）、第（7）列以子代受教育程度作为被解释变量，结果中代际收入弹性对子代受教育程度的估计系数均显著为负，意味着提高代际收入流动水平有助于提高居民的文化程度；第（3）、第（8）列以子代居民家庭净财产作为被解释变量，结果中代际收入弹性对子代居民家庭净财产的估计系数均显著为负，意味着提高代际收入流动水平利于子代财产积累。第（4）、第（5）列是基本解释变量和中介变量对父代居民边际消费倾向的估计结果，核心解释变量代际收入弹性的估计系数显著为正，中介变量子代受教育程度的系数显著为负，但子代居民家庭净财产的估计系数并不显著。这说明子代居民受教育程度是影响父代居民消费倾向的重要因素，但家庭净财产对父代边际消费倾向的影响则不突出；第（9）、第（10）列是基本解释变量和中介变量对子代居民边际消费倾向的估计结果，核心解释变量代际收入弹性的估计系数显著为负，中介变量子代受教育程度和家庭净财产的系数均显著为正，意味着子代居民受教育程度和家庭净财产是影响子代居民消费倾向的重要因素。

6.3.3 相对重要性分析

根据基础回归的估计结果，采用基于 R^2 的夏普利值分解方法，以边际消费倾向为分解对象，对自变量进行相对重要性分析，大致估算各自变量对边际消费倾向的解释贡献程度，具体结果如表 6-10 所示。

表 6-10　　　各因素对居民边际消费倾向的相对重要性

父代边际消费倾向 c_0					
变量	贡献度（%）	排序	变量	贡献度（%）	排序
代际收入弹性	8.89	5	父代受教育程度	11.84	4
父代收入水平	17.84	3	父代健康情况	19.84	2
父代家庭净财产	33.20	1	父代婚姻状况	2.86	7
父代年龄	2.18	8	父代社会属性	0.11	9
子代年龄	3.22	6			

续表

子代边际消费倾向 c_1					
变量	贡献度（%）	排序	变量	贡献度（%）	排序
代际收入弹性	11.05	4	子代受教育程度	9.12	5
子代收入水平	31.29	1	子代健康情况	1.46	9
子代家庭净财产	21.50	2	子代婚姻状况	5.73	6
子代年龄	13.54	3	子代社会属性	3.14	8
父代年龄	3.29	7			

由表 6-10 的结果可以看出，在影响父代家庭边际消费倾向的各微观因素中，其重要程度由强到弱依次为父代家庭财产状况、父代健康情况、父代收入水平、父代受教育程度、代际收入弹性、子代年龄、父代婚姻状况、父代年龄和父代社会属性。而在影响子代家庭边际消费倾向的各微观因素中，其重要程度由强到弱依次为子代收入水平、子代家庭财产状况、子代年龄、代际收入弹性、子代受教育程度、子代婚姻状况、父代年龄、子代社会属性和子代健康情况。代际收入弹性对于子代家庭边际消费倾向的贡献程度（11.05%）明显高于对父代边际消费倾向的贡献程度（8.89%）。对于父代而言，代际收入弹性对边际消费倾向的贡献度排在第五位次；对于子代而言，代际收入弹性对边际消费倾向的贡献度次于子代的收入水平、家庭净财产和子代年龄，居于第四位次，比文化程度、健康情况等因素都重要。

此外，如果进行城乡分组，分别估算各因素对居民边际消费倾向的相对重要性程度，可以发现，代际收入弹性对农村居民父代边际消费倾向的贡献度为 6.89%，对其子代边际消费倾向的贡献度为 10.77%；代际收入弹性对城镇居民父代边际消费倾向的贡献度为 9.13%，对其子代边际消费倾向的贡献度为 13.97%。无论是对子代还是对父代而言，代际收入流动水平对城镇居民边际消费倾向的贡献度均大于农村居民[①]。

考虑到对存在代际收入向上流动和代际收入向下流动的群体来说，其在消费方面的特征应该是有明显差异的。同时，我国在社会、文化和

---

① 按城乡分组对式（6.15）和式（6.16）进行基础回归，进一步采用基于 R^2 的夏普利值分解方法计算得出相关贡献度结果。

经济等方面存在的城乡差异，也会导致城乡居民的代际收入流动水平和消费倾向之间的关系存在一定差别。因此，本章接下来从代际收入流动方向和城乡的角度进一步讨论代际收入流动水平对居民消费倾向影响的差异性。

6.4 代际收入流动对居民消费倾向影响的差异性分析

6.4.1 从代际收入流动方向的角度考察

第 5 章中，已经利用混合截面数据中"子代收入等级"（$rank_1$）和"父代收入等级"（$rank_0$）这两个指标测算代际转换矩阵，大致判断我国居民的代际收入流动方向。总体上，约 26% 的居民与其父代处于相同的收入等级，36.5% 的居民出现了代际收入向上流动，同时也有37.5% 的居民出现了代际收入向下流动（详见 5.4.1）。采用与第 5 章相同的方法，本章也将代际收入等级的变化幅度以 ±10 作为分界进行组别划分。若子代收入等级超过父代收入等级 10 级以上（即 $rank_1 -rank_0 > 10$），视为存在代际收入向上流动；若子代收入等级低于父代收入等级 10 级以上（即 $rank_1 - rank_0 < -10$），视为存在代际收入向下流动；若子代收入等级相对于父代收入等级变化 10 级之内（即 $-10 \leq rank_1 - rank_0 \leq 10$），则视为不存在代际收入流动。

首先，测算各组别父代和子代居民的边际消费倾向，结果在表 6 - 11 中列出。

表 6 - 11　　我国居民边际消费倾向（按代际收入流动方向分组）

变量	因变量：父代家庭消费支出（C_0）			变量	因变量：子代家庭消费支出（C_1）		
	代际收入向下流动	代际收入向上流动	阶层相对固定		代际收入向下流动	代际收入向上流动	阶层相对固定
Y_0	0.202 *** (7.14)	0.273 *** (10.48)	0.310 *** (12.91)	Y_1	0.197 *** (7.03)	0.245 *** (8.62)	0.337 *** (11.62)

续表

变量	因变量：父代家庭消费支出（C_0）			变量	因变量：子代家庭消费支出（C_1）		
	代际收入向下流动	代际收入向上流动	阶层相对固定		代际收入向下流动	代际收入向上流动	阶层相对固定
age_0	565.838 * (1.74)	565.548 * (1.93)	491.175 (1.36)	age_1	1679.431 *** (3.81)	907.515 ** (2.09)	499.008 (0.86)
edu_0	2742.871 (1.55)	−1.6e+03 (−1.06)	2268.305 (1.37)	edu_1	6004.257 *** (4.72)	1673.961 (1.21)	2585.328 (1.53)
$asset_0$	0.000 (0.19)	0.012 *** (8.02)	0.008 *** (5.33)	$asset_1$	0.000 (0.03)	0.011 *** (7.19)	0.008 *** (4.84)
$union_0$	1677.192 (0.30)	1.7e+04 ** (2.26)	1.5e+04 ** (2.08)	$union_1$	8584.771 (1.24)	2.1e+04 *** (3.08)	2.2e+04 *** (2.62)
$health_0$	1276.147 (1.45)	795.936 (0.84)	−424.424 (−0.36)	$health_1$	1701.086 ** (2.45)	1948.687 *** (2.89)	2208.716 ** (2.29)
_cons	−8.5e+03 (−0.44)	−1.3e+04 (−0.68)	−1.7e+04 (−0.77)	_cons	−4.1e+04 *** (−2.80)	−1.8e+04 (−1.22)	−2.0e+04 (−1.08)
N	1295	1242	858	N	1295	1242	858
$r2\_a$	0.098	0.234	0.330	$r2\_a$	0.135	0.237	0.333
F	15.038	38.967	43.000	F	21.144	39.493	43.633

注：小括号内为回归系数的 t 值，$*$、$**$、$***$ 分别表示 10%、5% 和 1% 的置信水平上显著。

从表 6 – 11 的结果可以看出，三个组别中，阶层相对固定群体的边际消费倾向最大，父代和子代的边际消费倾向分别为 0.310 和 0.337，明显高于其他两个组别；代际收入向下流动群体的边际消费倾向最低，其父代的边际消费倾向为 0.202，子代的边际消费倾向为 0.197。

其次，按照以上分组，进一步根据式（6.15）和式（6.16），分别考察代际收入向下流动、代际收入向上流动和阶层相对固定的组别，代际收入流动水平对其父代和子代消费倾向的影响程度，具体结果如表 6 – 12 所示。

表 6 – 12　　　　　居民代际收入弹性对消费倾向的影响

（按代际收入流动方向分组）

变量	因变量：父代边际消费倾向 c_0 式（6.15）			变量	因变量：子代边际消费倾向 c_1 式（6.16）		
	代际收入向下流动	代际收入向上流动	阶层相对固定		代际收入向下流动	代际收入向上流动	阶层相对固定
IGE	0.277 ** (2.26)	0.475 *** (3.58)	0.539 ** (2.57)	IGE	– 0.185 ** (– 2.19)	– 0.367 *** (– 2.65)	– 0.232 (– 1.09)
Y_0	– 0.000 *** (– 2.63)	– 0.000 *** (– 3.86)	0.000 (1.47)	Y_1	– 0.000 * (– 1.67)	– 0.000 *** (– 2.68)	– 0.000 *** (– 3.24)
$asset_0$	0.000 ** (2.02)	0.000 ** (2.48)	0.000 ** (2.08)	$asset_1$	– 0.000 (– 1.06)	0.000 ** (2.06)	0.000 *** (5.56)
age_0	0.001 (0.28)	0.004 (0.17)	0.000 (0.19)	age_1	0.003 * (1.66)	0.003 *** (2.63)	0.002 ** (2.50)
age_1	– 0.014 (– 1.67)	– 0.004 (– 1.20)	– 0.013 (– 1.43)	age_0	0.008 (0.29)	0.001 (0.59)	0.000 (0.24)
edu_0	– 0.008 (– 1.19)	– 0.032 * (– 1.67)	– 0.040 * (– 1.87)	edu_1	0.010 (1.05)	0.027 *** (3.18)	0.021 * (1.67)
$marry_0$	0.023 (0.16)	0.049 (0.53)	0.028 (0.46)	$marry_1$	0.064 *** (3.60)	0.008 (0.31)	0.027 (1.30)
$health_0$	– 0.087 *** (– 3.03)	– 0.080 ** (– 2.43)	– 0.134 *** (– 2.78)	$health_1$	– 0.021 (– 0.93)	– 0.035 (– 0.55)	– 0.046 (– 0.35)
$union_0$	– 0.062 (– 0.75)	– 0.162 (– 1.23)	0.033 (0.12)	$union_1$	0.040 * (1.85)	– 0.034 (– 0.76)	0.054 (1.35)
_cons	1.104 * (1.72)	1.169 * (1.77)	1.458 (1.56)	_cons	0.204 * (1.66)	0.043 (0.32)	0.220 * (1.73)
N	1271	1218	848	N	1271	1218	848
$r2\_a$	0.032	0.050	0.035	$r2\_a$	0.009	0.020	0.020
F	4.216	5.914	3.320	F	1.801	2.580	2.166

注：小括号内为回归系数的 t 值，* 、** 、*** 分别表示10%、5%和1%的置信水平上显著。

表6 – 12 的结果显示，从代际收入弹性对父代消费倾向的影响来

看，三个组别中代际收入弹性均对父代消费倾向产生显著的正向影响，这与之前整体样本的估计结果一致。具体而言，代际收入弹性每提高0.1，代际收入向下流动群体的父代消费倾向会提高0.0277，代际收入向上流动群体的父代消费倾向会提高0.0475，阶层相对固定群体的父代消费倾向会提高0.0539。代际收入向下流动的组别，其父代的消费倾向受代际收入弹性的影响程度明显小于代际收入向上流动和阶层相对固定的组别。虽然说代际收入的向上和向下流动只是一个相对的概念，但是对于代际收入向下流动的群体来说，这种"子代不如父代"的趋势，必然会降低父代对子代进行扶持和投入的预期回报率，削弱父代的利他动机而提高其利己动机，因此降低了代际因素对父代消费倾向的影响。

从代际收入弹性对子代消费倾向的影响来看，代际收入向下流动和代际收入向上流动两个组别中，代际收入弹性均对子代消费倾向产生显著的负向影响。代际收入弹性每下降0.1，代际收入向下流动群体的子代消费倾向会提高0.0185，代际收入向上流动群体的子代消费倾向会提高0.0367。代际收入向下流动组别，其子代的消费倾向受代际收入弹性的影响程度（IGE 系数的绝对值）明显小于代际收入向上流动组别。

最后，再进一步估算代际收入弹性对居民边际消费倾向的相对重要性程度①，得出的结论与上面的阐述也基本一致，如表 6 – 13 和表 6 – 14 所示。

表 6 – 13　　　　各因素对父代居民边际消费倾向的贡献度
（按代际收入流动方向分组）

变量	代际收入向下流动		代际收入向上流动		阶层相对固定	
	贡献度（%）	排序	贡献度（%）	排序	贡献度（%）	排序
代际收入弹性	7.65	4	14.23	3	10.44	4
父代收入水平	23.47	2	26.21	2	9.16	5

---

① 同上面一样，采用夏普利值分解方法，大致估算各自变量对父代或子代消费倾向的解释贡献程度。

续表

变量	代际收入向下流动		代际收入向上流动		阶层相对固定	
	贡献度（%）	排序	贡献度（%）	排序	贡献度（%）	排序
父代家庭净财产	38.57	1	29.71	1	23.45	2
父代年龄	2.71	7	0.20	9	2.55	7
子代年龄	4.33	6	3.01	7	1.86	8
父代受教育程度	7.03	5	8.92	5	19.29	3
父代婚姻状况	0.79	9	0.52	8	5.49	6
父代健康情况	21.26	3	12.69	4	27.70	1
父代社会属性	1.19	8	4.50	6	0.04	9

表6-14　　　　各因素对子代居民边际消费倾向的贡献度
（按代际收入流动方向分组）

变量	代际收入向下流动		代际收入向上流动		阶层相对固定	
	贡献度（%）	排序	贡献度（%）	排序	贡献度（%）	排序
代际收入弹性	7.13	5	17.06	2	6.18	5
子代收入水平	33.81	1	11.51	4	34.34	1
子代家庭净财产	4.98	6	43.36	1	17.67	3
子代年龄	13.72	3	7.26	5	23.73	2
父代年龄	0.75	9	2.19	7	4.17	6
子代受教育程度	4.28	7	12.33	3	12.66	4
子代婚姻状况	21.17	2	0.66	9	0.94	7
子代健康情况	2.19	8	0.91	8	0.15	8
子代社会属性	11.97	4	4.71	6	0.14	9

　　对于代际收入向下流动的群体，代际收入弹性对父代消费倾向的贡献度为7.65%，对子代消费倾向的贡献度为7.13%；对于代际收入向上流动的群体，代际收入弹性对父代消费倾向的贡献度为14.23%，其重要性仅次于父代家庭财产状况和父代收入水平，对子代消费倾向的贡

献度为17.06%，重要性排在第二位，仅次于子代家庭财产状况；对于阶层相对固定的群体，代际收入弹性对父代消费倾向的贡献度为10.44%，对子代消费倾向的贡献度为6.18%。总体来看，对于代际收入向上流动的群体，代际收入流动水平对居民家庭消费倾向的贡献程度明显高于代际收入向下流动和阶层相对固定的群体。

6.4.2 从城乡的角度考察

前面已经对我国农村居民和城镇居民的代际收入流动水平进行了测算（见表5－12），得到的结果显示，城镇居民的代际收入弹性为0.268，代际收入秩关联系数为0.257，农村居民的代际收入弹性为0.230，代际收入秩关联系数为0.190。整体来看，城镇居民的代际收入流动水平比农村居民低。

根据城乡分组，先整体测算我国农村居民和城镇居民的消费倾向，结果如表6－15所示。

表6－15　　　　　2010～2018年我国居民边际消费倾向（按城乡分组）

变量	因变量：父代家庭消费支出（C_0）		变量	因变量：子代家庭消费支出（C_1）	
	城镇	农村		城镇	农村
Y_0	0.327 *** (18.84)	0.256 *** (15.05)	Y_1	0.356 *** (14.82)	0.233 *** (10.15)
age_0	338.888 (1.56)	264.038 (1.56)	age_1	1350.991 *** (3.22)	444.447 (1.39)
edu_0	21.611 (0.02)	282.824 (0.34)	edu_1	3385.823 (2.61)	1008.138 (1.01)
$asset_0$	0.004 *** (5.38)	− 0.000 (− 0.10)	$asset_1$	0.004 *** (3.86)	0.000 (0.05)
$union_0$	4515.435 (1.19)	2328.696 (0.50)	$union_1$	1.2e+04 ** (2.15)	8748.203 (1.34)
$health_0$	193.791 (0.30)	604.142 (1.12)	$health_1$	1063.931 (1.48)	1260.927 ** (2.46)

续表

变量	因变量：父代家庭消费支出（C_0）		变量	因变量：子代家庭消费支出（C_1）	
	城镇	农村		城镇	农村
_cons	$-4.3e+03$ （-0.33）	2382.677 （0.23）	_cons	$-4.2e+04$ *** （-2.94）	$-1.5e+03$ （-0.14）
N	1770	1625	N	1770	1625
$r2\_a$	0.296	0.179	$r2\_a$	0.281	0.211
F	75.285	36.493	F	51.287	32.041

注：小括号内为回归系数的 t 值，* 、** 、*** 分别表示 10%、5% 和 1% 的置信水平上显著。

从消费倾向的估计结果看（见表 6-15），我国农村父代居民的边际消费倾向为 0.256，农村子代居民的边际消费倾向为 0.233；城镇父代居民的边际消费倾向为 0.327，城镇子代居民的边际消费倾向为 0.356。整体来看，城镇居民边际消费倾向高于农村居民。

分别考察各组别代际收入流动水平对其父代和子代消费倾向的影响程度，估计结果如表 6-16 所示。

表 6-16　　居民代际收入弹性对消费倾向的影响（按城乡分组）

变量	因变量：父代边际消费倾向 c_0 式（6.15）		变量	因变量：子代边际消费倾向 c_1 式（6.16）	
	城镇	农村		城镇	农村
IGE	0.505 ** （2.13）	0.314 ** （2.39）	IGE	-0.288 ** （-2.46）	-0.252 * （-1.74）
Y_0	-0.000 *** （-3.81）	-0.000 *** （-2.65）	Y_1	-0.000 * （-1.72）	-0.000 * （-1.78）
$asset_0$	0.000 ** （2.33）	0.000 * （1.80）	$asset_1$	0.000 ** （2.19）	0.000 *** （2.72）
age_0	0.002 （0.41）	-0.006 （-0.77）	age_1	0.001 （0.69）	0.006 * （1.95）

续表

变量	因变量：父代边际消费倾向 c_0 式（6.15）		变量	因变量：子代边际消费倾向 c_1 式（6.16）	
	城镇	农村		城镇	农村
age_1	-0.019 ** (-1.99)	0.003 (0.46)	age_0	0.009 ** (2.00)	-0.002 (-0.31)
edu_0	-0.023 ** (-2.08)	-0.024 (-1.12)	edu_1	0.015 * (1.70)	0.055 ** (2.47)
$marry_0$	0.045 (0.29)	0.036 (1.18)	$marry_1$	0.016 (0.29)	0.062 ** (2.24)
$health_0$	-0.063 *** (-3.10)	-0.127 ** (-2.52)	$health_1$	-0.032 (-0.99)	-0.049 (-1.42)
$union_0$	0.040 (0.75)	0.003 (0.03)	$union_1$	0.034 (0.32)	0.022 (0.54)
_cons	1.083 * (1.65)	1.284 (1.29)	_cons	0.186 ** (2.20)	0.108 (1.27)
N	1729	1608	N	1729	1608
$r2\_a$	0.012	0.030	$r2\_a$	0.029	0.008
F	2.041	4.532	F	4.092	1.935

注：小括号内为回归系数的 t 值，*、**、*** 分别表示 10%、5% 和 1% 的置信水平上显著。

　　根据基础回归的估计结果，采用夏普利值分解估算代际收入弹性对居民边际消费倾向的贡献度，可以得出如下结果：代际收入弹性对城镇居民父代消费倾向的贡献度为 9.13%，在各影响因素中，其重要性排在第四位，排在父代家庭财产状况（37.64%）、父代健康水平（24.77%）和父代收入水平（16.31%）等因素之后；对城镇居民子代消费倾向的贡献度为 13.97%，重要性排在第三位，仅次于子代家庭财产状况（33.13%）和子代收入水平（19.51%）。代际收入弹性对农村居民父代消费倾向的贡献度为 6.89%，对子代消费倾向的贡献度为 10.77%①。可以看出，代际收入流动水平对城镇居民父代和子代家庭消费倾向的贡献度明显高于农村居民。

6.5 本章小结

本章主要分析了代际收入流动水平对居民边际消费倾向的影响。

首先，在戴蒙德的世代交叠模型（OLG）的基础上构建了包含青少年期、中年期和老年期，且存在代际关联和重叠的三期世代交叠模型。在收入约束和利他动机的作用下，分析个体进行跨期消费和储蓄决策、实现效用最大化的均衡状态，并在此基础上进一步建立代际收入弹性影响居民消费倾向的理论框架。

其次，使用的微观数据来自中国家庭追踪调查（CFPS）数据库2010 年、2012 年、2014 年、2016 年和 2018 年数据，测度我国居民边际消费倾向，以及代际收入流动水平对父代和子代家庭边际消费倾向的影响，对理论模型进行实证检验。结果显示，2010~2018 年，父代家庭的边际消费倾向为 30.2%，子代家庭的边际消费倾向为32.8%，父代家庭和子代家庭边际消费倾向均呈起伏状变化。从代际收入流动水平对消费倾向的影响来看，提高居民的代际收入流动水平，会降低父代的消费倾向，但却会提高子代的消费倾向。根据基础回归的估计结果，采用夏普利值分解方法估算代际收入弹性对边际消费倾向的解释贡献程度，得出的结论为：代际收入弹性对父代边际消费倾向的贡献度为 8.89%，在各影响因素中排在第五位；对子代边际消费倾向的贡献度为 11.05%，排在第四位；代际收入弹性对于子代家庭边际消费倾向的重要程度明显高于对父代边际消费倾向的重要程度。

最后，从代际收入流动方向和城乡两个角度进一步讨论代际收入流动水平对居民消费倾向影响的差异性。从代际收入流动方向的角度来看，代际收入向下流动的组别，其居民消费倾向受代际收入弹性的影响程度明显小于代际收入向上流动的组别，代际收入弹性对父代和子代居

---

① 括号中的数字为各因素对该组别父代（或子代）边际消费倾向的贡献度。

民边际消费倾向的贡献度分别为 7.65% 和 7.13%，也明显小于代际收入向上流动的群体（14.23% 和 17.06%）。从城乡的角度来看，代际收入流动水平对城镇居民父代和子代消费倾向的贡献度分别为 9.13% 和 13.97%，对农村居民父代、子代消费倾向的贡献度则为 6.89% 和 10.77%。不论是对子代还是对父代，代际收入弹性对城镇居民边际消费倾向的影响程度明显大于农村居民。

第7章

代际收入流动对居民消费结构的影响

居民消费作为社会总需求的核心组成部分，其"量"与"质"两方面的情况都会对国民经济产生重要影响。居民消费的"量"，会在很大程度上决定一个社会的国民收入水平，而居民消费的"质"，则关乎社会经济的结构优化和高质量发展。高质量的消费，可以带动产业结构的升级，可以加快技术创新的成果转化，可以提升居民的生活质量，不断满足人们日益增长的美好生活需要。居民消费的"质"，可以用"消费结构"来体现。为了能够更好地分析居民消费结构，我们将居民的食品、衣着、居住、家庭设备及日用品、医疗保健、交通通信、文化教育娱乐服务、其他商品和服务这八类消费分为生存型消费和发展享受型消费两大类别①，把食品、衣着、居住、家庭设备及日用品支出归为生存型消费支出，医疗保健、交通通信、文化教育娱乐服务、其他商品和服务支出归为发展享受型消费支出。

居民的生存型消费主要由个人及其家庭的消费能力或支付能力来决定。而发展享受型消费则不仅取决于消费能力，还取决于一个国家或地区的教育、医疗、社会保障等公共服务供给能力。因此，在消费结构中，如果生存型消费占较大比重，则可以认为此时居民的消费结构水平较低；如果发展享受型消费的比重较为突出，或者呈现上升的趋势，则

---

① 也有学者将消费按功能划分为生存型消费、发展型消费和享受型消费三个类别，但考虑到八大类消费中部分消费类别既可以划归到发展型消费，也可以划归到享受型消费，尚未形成明确的界定，所以本书将居民消费分为生存型和发展享受型两大类别。

可以在一定程度上判断此时的居民消费结构水平较高，或者居民消费在不断提质升级，同时也可以表明该国家或地区发展水平和发展质量的提升。

从代际收入流动的视角来看，父代出于利他动机对子代进行的教育投入，既会对父代的消费结构产生影响，也会通过教育水平、消费习惯等渠道对子代的消费结构产生作用。因此，本章主要分析代际收入流动对居民消费结构的影响，探究中国居民的消费结构与代际收入流动水平之间存在怎样的关系，进而从代际收入流动的角度探索实现居民消费升级的方法和途径。

7.1　理论分析与研究假设

7.1.1　基于三期 OLG 模型的分析

分析代际收入流动与父代居民消费结构的关系，可以在第 6 章三期世代交叠模型均衡结论的基础上进一步展开。在第 6 章中，为了分析代际收入弹性（IGE）与居民消费倾向的关系，构建了三期世代交叠模型，并求出经济个体效用最大化时的均衡解，求得均衡时：

$$I_{1,t+1}^{(*)} = \frac{\theta_2\beta}{1+\theta_1+n\beta\theta_2}\Big[Y_{2,t}+B_{3,t-1}-\frac{n}{1+r}B_{2,t+1}-\frac{\alpha_2(1+\theta_1)}{\alpha_1\theta_2\beta}\Big]$$

$$(6.6)$$

$$C_{2,t}^{(*)}+nI_{1,t+1}^{(*)} = \frac{1}{1+\theta_1+n\beta\theta_2}\Big[(1+n\theta_2\beta)(Y_{2,t}+B_{3,t-1})$$
$$+\frac{n(\theta_1-n\theta_2\beta)}{1+r}B_{2,t+1}-\frac{n\alpha_2\theta_1}{\alpha_1}\Big] \quad (6.9)$$

$I_{1,t+1}^{(*)}$ 是经济个体效用最大化时对单个未成年子女的教育支出规模，$C_{2,t}^{(*)}+nI_{1,t+1}^{(*)}$ 是均衡时经济个体包括对子女教育支出在内的消费支出总量。

同时，结合 IGE 的计算思路，求得 IGE 的结果为：

$$IGE = \frac{\partial \ln Y_{2,t+1}}{\partial \ln Y_{2,t}} = \frac{(1+r)\alpha_1 \beta Y_{2,t}}{(1+r)\alpha_1(Y_{2,t} + B_{3,t-1}) - n\alpha_1 B_{2,t+1} + n\alpha_2(1+r)}$$

$$(6.12)^{①}$$

根据式（6.6）和式（6.9），可以进一步求出均衡时经济个体消费总支出中对子女的教育支出所占比重（e^*）为：

$$e^* = \frac{nI_{1,t+1}^{(*)}}{C_{2,t}^{(*)} + nI_{1,t+1}^{(*)}} = \frac{n\theta_2\beta\left[Y_{2,t} + B_{3,t-1} - \dfrac{n}{1+r}B_{2,t+1} - \dfrac{\alpha_2(1+\theta_1)}{\alpha_1\theta_2\beta}\right]}{(1+n\theta_2\beta)(Y_{2,t} + B_{3,t-1}) + \dfrac{n(\theta_1 - n\theta_2\beta)}{1+r}B_{2,t+1} - \dfrac{n\alpha_2\theta_1}{\alpha_1}}$$

$$(7.1)$$

设 $\alpha_1(1+r)(1+n\theta_2\beta)(Y_{2,t} + B_{3,t-1}) + n\alpha_1(\theta_1 - n\theta_2\beta)B_{2,t+1} - n\alpha_2\theta_1(1+r) = M$，且 $(1+r)\alpha_1(Y_{2,t} + B_{3,t-1}) - n\alpha_1 B_{2,t+1} + n\alpha_2(1+r) = N$，根据式（7.1）和式（6.12），可以求出教育支出占比与代际收入弹性的边际效应：

$$\frac{\partial e^*}{\partial IGE} = \frac{N^2 n\alpha_1(1+r)(1+\theta_1 + n\theta_2\beta)\left[(1+r)(Y_{2,t} + B_{3,t-1}) - nB_{2,t+1}\right]}{M^2 n\alpha_1\beta(1+r)^2 Y_{2,t}}$$

$$(7.2)$$

第6章已证明，$(1+r)(Y_{2,t} + B_{3,t-1}) > nB_{2,t+1}^{②}$，由此可以推出，式（7.2）的计算结果为正值，即 $\dfrac{\partial e^*}{\partial IGE} > 0$。这意味着代际收入弹性越大，父代家庭消费支出中教育支出的占比越大。

教育支出占比提高，必然会对父代家庭其他类型消费支出占比形成挤出效应，如果挤出的全部是教育之外的发展享受型消费，那便不会影响居民的消费结构（生存型消费和发展享受型消费的比重）；若被挤出的消费中有一部分属于生存型消费，那么教育支出占比的提高必然会改变消费结构，引起发展享受型消费支出比重提高，综合而言，后者发生的可能性会更高一些。结合上面的分析推论，可以得出如下假设：

假设1：代际收入弹性 IGE 与父代居民发展享受型消费支出占比正相关。

---

① 以上式（6.6）、式（6.9）和式（6.12）的推导过程详见第6章6.1.1部分。

② 参见式（6.13）（第6章6.1.1）。

7.1.2 基于弹性理论的分析

关于代际收入流动对子代居民消费结构的影响，可以运用弹性理论展开分析，这里主要使用需求的收入弹性。需求收入弹性的基本表达式为：

$$e_Y = \frac{\Delta Q / Q}{\Delta Y / Y} \tag{7.3}$$

式（7.3）中，$\Delta Q/Q$ 表示消费者对商品需求量的变化率，$\Delta Y/Y$ 表示消费者收入水平的变化率。通常，低档商品的需求收入弹性小于零，而正常商品的需求收入弹性大于零。也就是说，消费者收入提高后，会增加对正常商品的需求和购买。而在正常商品中，生活必需品的需求收入弹性往往小于奢侈品的需求收入弹性。根据以上需求收入弹性的基本特性，再结合居民生存型消费和发展享受型消费的分类，我们可以分析代际收入流动对居民消费结构的影响。

第一，来自父代的财富转移对居民消费结构的影响。

代际收入流动水平较低时，子代收入对父代收入的依赖性较大，如果这种依赖是通过代际财富转移实现的，那么来自父代的货币、房产等财富转移可以增加子代的财产性收入水平。部分学者的研究证实，转移性和财产性收入可以在消费升级中发挥更大作用，而经营性收入和工资性收入对消费升级产生的影响较小（张秋惠、刘金星，2010；张冀等，2021）。子代消费的生存型消费商品和发展享受型消费商品中，也许有个别商品属于低档物品，但综合而言，生存型消费品和发展享受型消费品整体呈现的应当是正常品的属性。另外，从消费的功能来看，较之发展享受型消费品，生存型消费品具有更强的必需品特性。因此，当子代居民财产性收入增加时，生存型消费品和发展享受型消费品的消费量均会增加，并且发展享受型消费增长的幅度会高于生存型消费增长的幅度。这意味着，在父代财富转移的作用下，子代居民的消费结构中发展享受型消费的占比会提升。

代际财富转移从全社会的角度来看属于一个"零和行为"，父代对子代的财富转移引起子代财产性收入增加的同时也会导致父代财产性收入的等量减少，因此有学者判断，这种零和行为不会对整个社会的消费结构产生明显作用。然而，父代居民和子代居民在消费行为上具有不同的特点。"一切为了孩子"的利他动机，会使父代可以大幅度压缩自身的生存型消费，却不会明显缩减用于子代的发展享受型消费。所以，尽管从财富总量的角度看，代际财富转移是"零和行为"，但是对于整个社会消费结构的影响，却不是"零和结果"。

第二，父代对子代的教育投资对子代消费结构的影响。

在影响子代人力资本水平的众多因素中，受教育水平是其中的一个关键因素，而子代受教育水平的高低主要取决于父代对其教育投资的多少。也就是说，在其他因素既定的情况下，通常父代对子代的教育投入越多，子代的受教育水平越高，子代的人力资本积累就越多。还可以进一步得出，人力资本积累越多，子代在有劳动收入期间相应的收入水平往往就会更高。上面已经论证，收入水平的提高有利于子代居民消费中发展享受型消费占比的提升。

除了通过收入水平对消费结构产生间接作用之外，受教育水平也可以对消费结构产生直接影响。学者们的相关研究已经证实，教育水平与消费结构正相关，如果一个人的文化程度较高，那么他的消费技能、消费方式、消费认知也会处于较高的水平，其对高层次消费的需求也更加积极（邸俊鹏等，2019）。因此，不管从直接作用还是间接作用来看，父代对子代教育投资均会带来子代消费结构的升级。综上，可以得出关于代际收入弹性与子代居民消费结构的如下假设：

假设 2：代际收入弹性 IGE 与子代居民发展享受型消费支出占比正相关。

7.2 实证模型与变量说明

7.2.1 模型设定

本章重点讨论代际收入流动水平对我国父代和子代居民消费结构的影响。同前几章一样，仍旧使用"代际收入弹性"来描述我国居民的代际收入流动水平。关于居民消费结构的衡量，本章选择使用"发展享受型消费支出占居民消费总支出的比重"这一指标，表达式为：

$$c_d = \frac{C_{dev}}{C_{total}} \times 100\% \tag{7.4}$$

式（7.4）中，C_{dev} 表示居民的发展享受型消费支出，主要包括医疗保健支出、交通通信支出、文教娱乐支出和其他消费性支出。C_{total} 表示居民的消费总支出，即八大类消费支出之和。c_d 则是发展享受型消费支出在居民消费总支出的占比。居民的消费结构升级可以定义为居民发展享受型消费支出在消费总支出占比的提升，也就是说，c_d 越大，可以认为居民的消费结构水平越高。

在测算代际收入弹性和居民消费结构的基础上，构建以"代际收入弹性"为解释变量，"居民发展享受型消费支出占比"为被解释变量的基准模型，分析代际收入流动水平对居民消费结构和消费升级的作用。实证模型可以表示为：

$$c_{d0} = p_1 + p_2 IGE + p_3 d_3 Y_0 + p_4 y_0 + p_5 age_0 + p_6 edu_0 + p_7 marry_0$$
$$+ p_8 health_0 + p_9 isei_0 + p_{10} Gini_0 + u_0 \tag{7.5}$$

$$c_{d1} = q_1 + q_2 IGE + q_3 d_3 Y_1 + q_4 y_1 + q_5 age_1 + q_6 edu_1 + q_7 marry_1$$
$$+ q_8 health_1 + q_9 isei_1 + q_{10} gender_1 + q_{11} Gini_1 + u_1 \tag{7.6}$$

式（7.5）、式（7.6）中，被解释变量 c_{d0} 代表父代居民消费支出中发展享受型消费支出的占比，c_{d1} 代表子代居民消费支出中发展享受型消费支出的占比。核心解释变量 IGE 是代际收入弹性，Y 和 y 代表居民收入水平与工资性收入比重，age、edu、$marry$ 分别代表年龄、受教育程度和婚姻状况，$health$ 表示健康情况，$isei$ 与 $Gini$ 代表职业社会地位和地区收入差距，$gender$ 表示性别；同上面一样，0 代表父代，1 代表子代；u 为误差项；系数 p_2 表示代际收入弹性对父代居民消费结构的影响，q_2 则表示代际收入弹性对子代居民消费结构的影响，若 p_2（或 q_2）为正，则说明代际收入弹性对父代（或子代）消费结构存在正向作用，即代际收入流动水平对居民的消费结构升级会产生反向作用，p_2（或 q_2）若为负，则意味着代际收入流动水平对父代（或子代）消费结构升级产生正向作用。

在对式（7.5）、式（7.6）进行估计的基础上，同样可以采用夏普利值分解方法，测算各影响因素对居民消费结构的相对重要性程度，衡量代际因素对居民消费结构的贡献度。

7.2.2 变量说明

本章所使用的微观数据同样来自中国家庭追踪调查（CFPS）数据库 2010 年、2012 年、2014 年、2016 年和 2018 年的数据。由于前面章节在测算代际收入弹性时已经完成了样本的代际对接，并对年龄、收入等变量进行了限制和清理，所以本章在此基础上，进一步清理父代与子代的受教育程度、性别、职业社会地位等变量，最终获得有效样本 3301 组[①]，表 7 – 1 为变量说明。

表 7 – 1 变量说明

变量	指标含义	构建方法
c_{d0}	父代居民消费支出中发展享受型消费支出的占比	$c_{d0} = \dfrac{\text{父代发展享受型消费支出}}{\text{父代消费总支出}} \times 100\%$
c_{d1}	子代居民消费支出中发展享受型消费支出的占比	$c_{d1} = \dfrac{\text{子代发展享受型消费支出}}{\text{子代消费总支出}} \times 100\%$
IGE	代际收入弹性	$IGE = \dfrac{\partial \ln Y_1}{\partial \ln Y_0}$
Y_0	父代收入水平	过去 12 个月父母获得的全部收入（元）
Y_1	子代收入水平	过去 12 个月子代获得的全部收入（元）
y_0	父代工资性收入比重	$y_0 = \dfrac{\text{过去 12 个月父代工资性收入}}{\text{过去 12 个月父代获得的全部收入}} \times 100\%$
y_1	子代工资性收入比重	$y_1 = \dfrac{\text{过去 12 个月子代工资性收入}}{\text{过去 12 个月子代获得的全部收入}} \times 100\%$
age_0	父代年龄	父亲年龄（岁）
age_1	子代年龄	子代年龄（岁）
edu_0	父代的受教育程度	父亲的受教育年限
edu_1	子代的受教育程度	子代的受教育年限

---

① 因为选择的控制变量与前面章节有所不同，所以样本数量会有些许差别。

续表

变量	指标含义	构建方法
$Gini$	收入差距（基尼系数）	$Gini = 1 - 2\int_a^b [1 - F(x)] \frac{x}{\mu} f(x)\,dx$
$gender_1$	子代的性别	子代的性别，男性为 1，女性为 0
$health_0$	父代健康状况	CFPS 问卷者对受访者的身体情况做出的评分
$health_1$	子代健康状况	CFPS 问卷者对受访者的身体情况做出的评分
$isei_0$	父代职业社会地位	父代职业的国际社会经济地位指数（ISEI）
$isei_1$	子代职业社会地位	子代职业的国际社会经济地位指数（ISEI）

7.3 实证结果

7.3.1 中国居民消费结构

在国家统计局公布的官方数据中，"恩格尔系数"是一个可以用来考察居民消费结构的重要指标。通常把恩格尔系数定义为食物支出占居民家庭消费总支出的比重。官方数据显示，2000 年，我国居民的恩格尔系数为 42.2%，其中，城镇居民恩格尔系数为 38.6%，农村居民恩格尔系数为 48.3%；至 2020 年，我国居民的恩格尔系数降至 35.6%，城镇居民和农村居民的恩格尔系数分别降为 33.6% 和 40.5%[①]。恩格尔系数的下降，可以证实我国居民富裕程度的提升，也可以在一定程度上反映居民消费水平的提高。然而恩格尔系数只能体现食品支出在居民消费总支出的占比，食品消费仅仅是生存型消费的一部分，食品支出占比下降并不能等同于生存型消费在居民消费总支出的占比下降。因此，仅凭恩格尔系数，无法充分反映居民的消费结构升级与否。

基于此，本部分首先使用整理好的 CFPS 混合截面数据，测算我国

---

① 资料来源：国家统计局官方网站，https：//data. stats. gov. cn。

居民在 2010～2018 年各类消费支出占消费总支出的比重以及发展享受型消费占比，整体把握这一时期居民的消费结构水平。为了消除价格因素的影响，用 CPI 指数对各名义变量指标进行处理，统一折算为 2018 年的水平。然后分别测算 2010 年、2012 年、2014 年、2016 年和 2018 年各年份居民各类消费支出及发展享受型消费支出的占比，以判断我国居民消费结构的变化情况。具体计算结果如表 7 - 2 所示。

表 7 - 2　　　　　　　2010～2018 年我国居民消费结构情况　　　　单位: %

项目		2010～2018 年混合样本	2010 年	2012 年	2014 年	2016 年	2018 年
各类消费支出在消费总支出占比	食品	34.86	35.0	37.53	34.39	33.79	33.09
	衣着	5.32	5.08	5.58	5.34	4.94	5.29
	家庭设备及日用品	16.88	11.98	20.73	16.7	11.75	19.09
	居住	12.61	5.86	5.53	16.22	20.36	14.91
	医疗保健	9.26	12.7	8.12	9.82	14.17	7.65
	文教娱乐	7.66	8.42	7.21	6.15	8.39	7.95
	交通通信	9.78	16.7	8.4	10.04	6.09	9.93
	其他	3.63	4.27	6.92	1.33	0.53	2.1
发展享受型消费在消费总支出占比*		30.33	42.08	30.64	27.34	25.17	27.62

注:　*该比重为医疗保健、文教娱乐、交通通信和其他类消费支出在居民消费总支出占比之和。

从表 7 - 2 的结果可以看出，2010～2018 年我国居民发展享受型消费占消费总支出的比重约为 30%，生存型消费支出占比约为 70%[①]。各类消费支出中，食品支出占比最高，约占居民消费总支出的 1/3。从变化趋势来看，2012～2018 年，我国居民食品支出消费占比稳步下降，与国家统计局官方公布的恩格尔系数的变化趋势一致；2014 年之后，

———————

① 此数据用 CFPS 微观数据库计算而得，与第 4 章使用宏观数据计算的结果存在一定差异，第 4 章的计算结果显示，我国居民消费支出中，生存型消费占比约为 60%。

居民的居住支出占比明显增加，约为之前的 3 倍；居民的发展享受型消费占比呈现出"U"形趋势，2010 ~ 2016 年，该比值逐年下降，2016 年之后呈上升态势。

从"发展享受型消费占比"这一结果中，我们无法直接判定，2010 ~ 2018 年我国居民消费出现了明显的结构升级。随着居民人均收入和人均消费水平的不断提高，发展享受型消费占比之所以没有表现出逐步上升的趋势，主要考虑以下两方面原因：一是住房及购房压力对居民发展享受型消费的挤出。受传统观念的影响，我国居民对自有住房有较强的需求，而较高的购房成本以及随之产生的居住成本，会挤占居住之外的消费支出。生存型消费具有更明显的必需品特性，与之相比，发展享受型的消费受购房住房负担的挤出作用更大。二是互联网对居民消费方式的影响。在网络信息时代，人们的消费方式发生了颠覆性的变化，网络购物、数字支付等随处可见。生存型消费类商品多是实物商品，用图片、视频等影像手段就可以全面传递商品的信息，因此，网络平台可以提高生存型消费类商品交易的便利性和覆盖面。而发展享受型消费类商品多是劳务和服务类商品，这类商品更强调消费环境和体验感，但这些往往无法通过网络平台进行有效传递，比如，通过电脑和手机听一场音乐会直播，与在音乐厅欣赏音乐会的感受是完全不同的。所以，网络消费方式的普及对发展享受型消费的助力作用，明显小于对生存型消费的助力作用。

7.3.2　代际收入流动对中国居民消费结构的影响

1. 基准回归

使用已整理的微观混合截面数据，进一步考察代际收入流动水平对我国居民消费结构的影响。本章同样使用"代际收入弹性"这一指标来描述我国居民的代际收入流动情况，并采用和前两章相同的方式，将3000 多个样本按省份和年份进行分组，分别计算各组的代际收入弹性。同时，按照同样的分组方式，计算各组居民发展享受型消费支出在消费总支出的占比。

首先，根据各组的测算结果，画出代际收入弹性和居民消费结构

（发展享受型消费支出占比）的散点图和线性拟合图，可以对二者的关系进行直观判断。如图 7-1 所示。

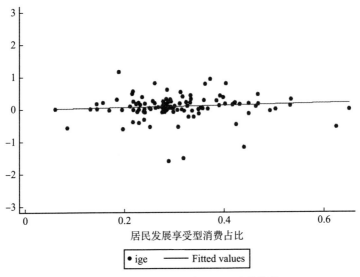

居民发展享受型消费占比

● ige ——— Fitted values

图 7-1　代际收入弹性和居民消费结构

　　从图 7-1 可以直观看出，居民的代际收入弹性和发展享受型消费支出占比之间存在同向的变动关系，这与理论分析中得出的假设结论是一致的。由于代际收入弹性反映的是子代收入与父代收入的关联程度，而子代收入与父代的关联程度越强，就意味着居民代际收入流动水平越低，因此，图 7-1 也可以解读为代际收入流动水平与居民发展享受型消费支出占比的反向关系。

　　其次，利用各组别的测算结果，对式（7.5）和式（7.6）进行估计，分析代际收入流动水平对居民消费结构的影响（见表 7-3）。表 7-3 中给出了 OLS 和 2SLS 估计结果，对式（7.5）进行 2SLS 估计时，选择用子代的职业社会地位和城乡属性作为工具变量；对式（7.6）进行 2SLS 估计时，用父亲的英语能力和民族成分作为工具变量。表 7-4 是工具变量有效性的检验结果。

表 7 - 3　　　2010～2018 年中国居民代际收入弹性对消费结构的影响

变量	因变量：父代居民发展享受型消费支出占比（c_{d0}）式（7.5）		变量	因变量：子代居民发展享受型消费支出占比（c_{d1}）式（7.6）	
	OLS	2SLS		OLS	2SLS
IGE	0.025 *** (3.45)	0.119 *** (3.76)	IGE	0.031 *** (4.14)	0.183 *** (2.70)
$\ln Y_0$	- 0.010 *** (- 4.76)	- 0.013 *** (- 4.83)	$\ln Y_1$	- 0.010 *** (- 5.04)	- 0.010 *** (- 3.54)
y_0	- 0.009 (- 1.20)	- 0.007 (- 0.83)	y_1	- 0.014 * (- 1.91)	- 0.007 (- 0.81)
age_0	- 0.000 (- 0.34)	- 0.000 (- 0.76)	age_1	- 0.001 *** (- 4.02)	- 0.000 (- 0.59)
edu_0	- 0.006 *** (- 7.45)	- 0.007 *** (- 6.54)	edu_1	- 0.008 *** (- 8.44)	0.002 (1.38)
$marry_0$	0.013 *** (3.45)	0.006 (1.11)	$marry_1$	0.001 (0.39)	0.005 * (1.92)
$health_0$	0.002 *** (6.34)	0.002 *** (3.82)	$health_1$	0.002 *** (10.05)	0.000 (0.38)
$isei_0$	0.000 * (1.82)	0.000 *** (2.62)	$isei_1$	0.000 *** (4.09)	0.000 (0.15)
$Gini_0$	0.184 *** (10.31)	0.063 (1.48)	$Gini_1$	0.215 *** (12.11)	0.071 ** (2.29)
			$gender_1$	0.006 ** (2.22)	0.003 (1.02)
_cons	0.329 *** (10.88)	0.410 *** (9.27)	_cons	0.399 *** (15.89)	0.359 *** (10.63)
年份控制	Y	Y	年份控制	Y	Y
N	3301	3301	N	3301	3301
$r2\_a$	0.106	0.115	$r2\_a$	0.255	0.312
F	32.650	45.149	F	74.806	11.923

注：小括号内为回归系数的 t 值，*、**、*** 分别表示 10%、5% 和 1% 的置信水平上显著。

表 7 - 4　　　　工具变量有效性检验结果［式（7.5）、式（7.6）］

变量	式（7.5）	式（7.6）
弱工具变量检验 Cragg – Donald Wald（F 值）	18. 373	12. 427
过度识别检验 Hansen J statistic（p 值）	0. 1982	0. 3664
内生性检验 Endogeneity test（p 值）	0. 1668	0. 7286

　　从工具变量有效性检验结果可以看出，工具变量通过了弱工具变量检验、过度识别检验和内生性检验，因此，选择用子代的职业社会地位和子代的城乡属性作为工具变量来估计代际收入弹性对父代居民消费结构的影响，用父代的英语能力和民族成分作为工具变量来估计代际收入弹性对子代居民消费结构的影响均是有效的。

　　表 7 - 3 中，2SLS 的估计结果明显高于 OLS 的估计结果，但两种估计结果均显示代际收入弹性对父代和子代发展享受型消费支出占比有显著的正向作用，这一结果与理论分析结论基本一致。根据 OLS 的估计结果可知，我国居民代际收入弹性每上升 0.1，父代居民享受型消费支出占比就会提高 0.25%，子代居民享受型消费支出占比会提高 0.31%。代际收入弹性较高时，对于收入较高的群体来说，父代凭借自身的资源，可以轻松让子代维持既有的收入阶层，因此为子代储蓄的压力较小，可以拿出更多的收入用于子代的教育支出和自身的发展享受型消费支出。对于收入较低的群体而言，代际收入弹性高，意味着子代实现阶层跨越的难度大，父代用财富储蓄的方式助力子代实现超越的可能性减少。此时若父代放弃或减少对子代的助力，那么会导致父代更注重自身的消费质量，若父代仍坚持助力子代，那助力的方式则会侧重于对子代的教育支出，无论是哪种情况，都可能带来父代发展享受型消费支出占比的提升。

　　需要说明的是，父代居民"发展享受型消费支出占比"提升表现出的消费结构升级，在一定程度上属于"被动升级"而非"主动升级"。在很多中国家庭中，为了实现子代的代际超越，父代在子代教育方面支持力度不断加大，常常是以父代"牺牲"自我的发展享受型消费甚至是生存型消费为代价的。这部分教育支出虽然计入父代的家庭消费支出，但是并不会带来父代自身的消费升级，甚至有可能因为挤出作用导致父代自身的消费降级。而且，父代对子代教育支出中，也有相当一部分属于"绑架"式消费，基于父母责任的道德绑架、基于攀比模仿心理的面子绑架，确实可以在一定程度反映消费升级的"被动性"。

代际收入弹性与子代消费结构的同向变动，其原因在上面理论分析部分已经做了阐述。代际收入弹性较高时，一方面，子代收入中会有更高的比例是来自父代的财产性收入，而财产性收入对于消费结构提升会产生更强的正向作用；另一方面，父代的教育投入也会影响子代文化水平，从而对子代的消费观念和消费结构产生影响。

2. 稳健性检验

为了进一步保证基准回归结果的稳健性和可靠性，本部分将核心解释变量指标由"代际收入弹性"替换为"代际收入秩关联系数（IGC）"，然后对模型再次进行回归，具体结果如表 7-5 所示。

表 7-5　　　　　　　　　　　稳健性检验

变量	父代居民发展享受型消费支出占比（c_{d0}）（1）	变量	子代居民发展享受型消费支出占比（c_{d1}）（2）
IGC	0.036 *** (4.18)	IGC	0.039 *** (3.78)
$\ln Y_0$	-0.009 *** (-4.56)	$\ln Y_1$	-0.009 *** (-4.90)
y_0	-0.009 (-1.26)	y_1	-0.015 ** (-1.98)
age_0	-0.000 (-0.21)	age_1	-0.001 *** (-3.92)
edu_0	-0.006 *** (-7.16)	edu_1	-0.008 *** (-7.90)
$marry_0$	0.013 *** (3.31)	$marry_1$	0.001 (0.41)
$health_0$	0.002 *** (6.05)	$health_1$	0.002 *** (10.11)
$isei_0$	0.000 * (1.88)	$isei_1$	0.000 *** (3.90)

变量	父代居民发展享受型消费支出占比（c_{d0}） （1）	变量	子代居民发展享受型消费支出占比（c_{d1}） （2）
$Gini_0$	0.175 *** （9.41）	$Gini_1$	0.213 *** （12.00）
		$gender_1$	0.006 ** （2.20）
_cons	0.327 *** （10.59）	_cons	0.395 *** （15.64）
N	3301	N	3301
$r2\_a$	0.113	$r2\_a$	0.177
F	33.450	F	75.101

注：小括号内为回归系数的 t 值，*、**、*** 分别表示10%、5%和1%的置信水平上显著。

表7-5中，第（1）列是更换了核心解释变量指标后对父代居民发展享受型消费支出占比的估计结果，结果显示，代际收入秩关联系数对父代居民发展享受型消费支出占比有显著的正向作用。第（2）列是更换了解释变量指标后对子代居民发展享受型消费支出占比的估计结果，可以看出，代际收入秩关联系数对子代的发展享受型消费支出占比也有显著的正向作用。代际收入秩关联系数对父代、子代居民发展享受型消费支出占比的影响与表7-3的估计结果具有较强的一致性。

3. 中介效应分析

根据理论模型分析，代际收入流动对居民消费结构产生作用，是通过代际财富转移、人力资本投入等渠道实现的。本部分构建中介效应模型对其作用机制进行实证检验。同样选择"子代的受教育程度"和"子代家庭净财产"作为中介变量，构建中介效应模型如下：

$$c_d = \alpha_1 + \alpha_2 IGE + \alpha_3 X + \varepsilon_1 \qquad (7.7)$$

$$M = \beta_1 + \beta_2 IGE + \beta_3 X + \varepsilon_2 \qquad (7.8)$$

$$c_d = \gamma_1 + \gamma_2 IGE + \gamma_3 M + \gamma_4 X + \varepsilon_3 \qquad (7.9)$$

模型中，M 表示子代的受教育程度（edu_1）和家庭净财产（$asset_1$）

两个中介变量，X 表示收入水平、年龄、职业社会地位等控制变量，各变量的数据来源和测算方法与基准回归相同，检验结果如表 7 – 6 所示。

表 7 – 6　　　　代际收入流动影响居民消费结构的机制检验（中介效应）

被解释变量：父代居民消费结构					
变量	c_{d0} （1）	edu_1 （2）	$asset_1$ （3）	c_{d0} （4）	c_{d0} （5）
IGE	0.025 *** （3.45）	– 0.688 *** （– 4.83）	– 0.485 ** （– 2.35）	0.019 *** （2.64）	0.024 *** （3.34）
edu_1				– 0.009 *** （– 10.47）	
$asset_1$					0.001 （0.68）
控制变量	控制	控制	控制	控制	控制
_cons	0.329 *** （10.88）	0.007 （0.01）	2.700 *** （3.96）	0.330 *** （11.15）	0.325 *** （10.78）
N	3301	3301	3301	3301	3301
被解释变量：子代居民消费结构					
变量	c_{d1} （6）	edu_1 （7）	$asset_1$ （8）	c_{d1} （9）	c_{d1} （10）
IGE	0.036 *** （4.91）	– 0.613 *** （– 4.46）	– 0.482 ** （– 2.43）	0.031 *** （4.14）	0.034 *** （4.73）
edu_1				– 0.008 *** （– 8.44）	
$asset_1$					– 0.003 ** （– 2.19）
控制变量	控制	控制	控制	控制	控制
_cons	0.408 *** （15.68）	– 1.154 *** （– 2.60）	0.695 （1.07）	0.399 *** （15.89）	0.406 *** （15.49）
N	3301	3301	3301	3301	3301

　　注：小括号内为回归系数的 t 值，＊、＊＊、＊＊＊分别表示 10%、5% 和 1% 的置信水平上显著。

表7-6第（1）、第（6）列显示，代际收入弹性对居民发展享受型消费支出占比的系数显著为正，其结果可以反映代际收入弹性对父代和子代居民发展享受型消费支出占比的总效应；第（2）、第（7）列以子代受教育程度作为被解释变量，结果中代际收入弹性对子代受教育程度的估计系数均显著为负，意味着提高代际收入流动水平有助于提高居民的文化程度；第（3）、第（8）列以子代居民家庭净财产作为被解释变量，结果中代际收入弹性对子代居民家庭净财产的估计系数均显著为负；第（4）、第（5）列是基本解释变量和中介变量对父代居民发展享受型消费支出占比的估计结果，核心解释变量代际收入弹性的估计系数显著为正，中介变量子代受教育程度的系数显著为负，但子代居民家庭净财产的估计系数并不显著。这说明子代居民受教育程度是影响父代居民发展享受型消费支出占比的重要因素，但家庭净财产对父代居民发展享受型消费支出占比的影响则不突出；第（9）、第（10）列是基本解释变量和中介变量对子代居民发展享受型消费支出占比的估计结果，核心解释变量的估计系数显著为正，中介变量的系数显著为负，意味着子代居民受教育程度和家庭净财产是影响子代居民发展享受型消费支出占比的重要因素。

7.3.3　相对重要性分析

根据 OLS 回归的估计结果，采用夏普利值分解方法，以"居民发展享受型消费支出占比"作为分解对象，分析解释变量的相对重要性，大致估算各解释变量对因变量的解释贡献程度，具体结果如表7-7所示。

表7-7　　各因素对居民发展享受型消费支出占比的相对重要性

变量	父代居民发展享受型消费支出占比（c_{d0}）		变量	子代居民发展享受型消费支出占比（c_{d1}）	
	贡献度（%）	排序		贡献度（%）	排序
代际收入弹性	9.86	3	代际收入弹性	10.23	5
父代收入水平（对数值）	18.74	2	子代收入水平（对数值）	15.54	4

续表

变量	父代居民发展享受型消费支出占比（c_{d0}）		变量	子代居民发展享受型消费支出占比（c_{d1}）	
	贡献度（%）	排序		贡献度（%）	排序
父代工资性收入比重	5.44	6	子代工资性收入比重	6.17	6
父代年龄	0.16	9	子代年龄	1.94	7
父代受教育程度	8.78	4	子代受教育程度	23.07	2
父代婚姻状况	4.94	7	子代婚姻状况	0.17	10
父代健康情况	6.44	5	子代健康情况	16.72	3
父代职业社会地位	0.62	8	子代职业社会地位	1.42	9
收入差距	45.03	1	子代性别	1.60	8
			收入差距	23.15	1

　　表7-7显示，影响父代居民消费结构的各因素中，排名前三位的是父代居民收入差距、收入水平和代际收入弹性，代际收入弹性对父代居民消费结构的贡献率为9.86%；影响子代居民消费结构的各因素中，收入差距、受教育程度和健康情况位列前三位，代际收入弹性居于第五位次，对子代居民消费结构的贡献率为10.23%。由此可以判断，代际因素对居民的消费结构有着重要作用，实现居民消费的提质升级，可以从代际视角寻找突破口。

　　接下来，从代际收入流动方向和城乡的角度，进一步探索代际收入流动对不同群体消费结构影响的差异性。

7.4　代际收入流动对居民消费结构影响的差异性分析

7.4.1　从代际收入流动方向的角度考察

　　采用和前面章节相同的分组方式，利用"子代收入等级"（$rank_1$）和"父代收入等级"（$rank_0$）指标，若子代收入等级超过父代收入等级

10级以上（即 $rank_1 - rank_0 > 10$），视为存在代际收入向上流动；若子代收入等级低于父代收入等级10级以上（即 $rank_1 - rank_0 < -10$），视为存在代际收入向下流动；若子代收入等级相对于父代收入等级变化10级之内（即 $-10 \leqslant rank_1 - rank_0 \leqslant 10$），则视为不存在代际收入流动。

首先，整体计算各组别居民的消费结构情况，结果在表7-8中列出。

表7-8 　　　　我国居民消费结构（按代际收入流动方向分组）　　　单位：%

项目		代际收入向下流动 $rank_1 - rank_0 < -10$		代际收入向上流动 $rank_1 - rank_0 > 10$		阶层相对固定 $-10 \leqslant rank_1 - rank_0 \leqslant 10$	
		父代	子代	父代	子代	父代	子代
各类消费支出在消费总支出占比	食品	35.45	35.14	33.35	32.93	36.11	34.11
	衣着	5.45	5.86	5.45	5.89	4.90	5.39
	家庭设备及日用品	15.59	15.96	17.14	18.47	19.06	20.06
	居住	12.58	12.74	14.19	13.70	9.43	10.39
	医疗保健	9.11	8.43	9.66	8.31	9.02	8.51
	文教娱乐	7.45	7.85	7.78	8.45	8.12	8.72
	交通通信	10.35	10.45	9.29	9.14	9.72	9.83
	其他	4.02	3.57	3.13	3.12	3.64	2.99
发展享受型消费在消费总支出占比		30.94	30.29	29.86	29.01	30.50	30.06

从表7-8居民消费结构可以发现，各组别子代居民消费支出中食品支出和医疗保健支出占比均低于父代，而衣着支出、家庭日用品支出和文教娱乐支出占比则明显高于父代。三个组别中，代际收入向上流动群体的发展享受型消费支出占比最低，其父代和子代居民的发展享受型消费支出占比分别为29.86%和29.01%。

然后，结合式（7.5）和式（7.6），分别考察代际收入向下流动、代际收入向上流动和阶层相对固定的组别，代际收入流动水平对居民消费结构的影响程度，估计结果在表7-9中列出。

表 7 – 9　　　　　　　代际收入弹性对居民消费结构的影响

（按代际收入流动方向分组）

变量	因变量：父代居民发展享受型消费支出占比（c_{d0}）			变量	因变量：子代居民发展享受型消费支出占比（c_{d1}）		
	代际收入向下流动	代际收入向上流动	阶层相对固定		代际收入向下流动	代际收入向上流动	阶层相对固定
IGE	0.026 ** (2.23)	0.016 (1.27)	0.034 ** (2.31)	IGE	0.041 *** (3.56)	0.022 * (1.73)	0.027 * (1.83)
$\ln Y_0$	– 0.013 *** (– 3.47)	– 0.008 ** (– 2.39)	– 0.007 ** (– 2.14)	$\ln Y_1$	– 0.010 *** (– 3.18)	– 0.011 *** (– 3.36)	– 0.009 ** (– 2.28)
y_0	– 0.022 ** (– 2.33)	– 0.002 (– 0.15)	– 0.001 (– 0.07)	y_1	– 0.017 ** (– 2.09)	– 0.010 (– 0.62)	– 0.014 (– 1.44)
age_0	– 0.000 (– 0.77)	0.000 (0.82)	0.000 (0.01)	age_1	– 0.001 ** (– 2.45)	– 0.001 ** (– 2.39)	– 0.001 * (– 1.94)
edu_0	– 0.006 *** (– 4.05)	– 0.007 *** (– 4.39)	– 0.008 *** (– 5.02)	edu_1	– 0.008 *** (– 5.68)	– 0.008 *** (– 4.86)	– 0.007 *** (– 3.72)
$marry_0$	0.008 (1.04)	0.017 *** (3.02)	0.011 * (1.78)	$marry_1$	– 0.001 (– 0.40)	0.007 ** (2.06)	– 0.004 (– 0.91)
$health_0$	0.002 *** (3.55)	0.002 *** (4.37)	0.003 *** (3.60)	$health_1$	0.001 *** (3.37)	0.002 *** (6.97)	0.003 *** (7.59)
$isei_0$	0.000 (1.29)	0.000 (0.09)	0.000 (0.79)	$isei_1$	0.000 (0.82)	0.000 ** (2.01)	0.001 *** (4.39)
$Gini_0$	0.150 *** (5.24)	0.194 *** (6.18)	0.218 *** (6.32)	$Gini_1$	0.008 * (1.84)	0.006 (1.13)	0.002 (0.26)
				$gender_1$	0.182 *** (6.70)	0.273 *** (8.81)	0.186 *** (5.53)
_cons	0.421 *** (7.39)	0.268 *** (5.78)	0.290 *** (5.41)	_cons	0.418 *** (10.56)	0.378 *** (8.94)	0.405 *** (8.00)
N	1265	1195	841	N	1265	1195	841
$r2\_a$	0.100	0.099	0.126	$r2\_a$	0.150	0.204	0.174
F	10.555	12.579	13.423	F	23.174	34.577	23.146

注：小括号内为回归系数的 t 值，*、**、***分别表示10%、5%和1%的置信水平上显著。

表 7 – 9 的结果显示，"代际收入向下流动""代际收入向上流动"

"阶层相对固定"三个组别中，代际收入弹性对代际收入向下流动和阶层相对固定组别的居民消费结构均有显著作用；对代际收入向上流动组别的子代居民消费结构影响显著，对其父代消费结构的影响并不显著。代际收入弹性对居民消费结构存在显著正向作用，这与之前整体样本的估计结果基本一致。具体而言，代际收入弹性每提高0.1，代际收入向下流动群体中父代和子代居民发展享受型消费支出占比会提高0.26%和0.41%，收入向上流动群体中子代居民发展享受型消费支出占比会提高0.22%，阶层相对固定群体中父代和子代居民发展享受型消费支出占比会提高0.34%和0.27%。

　　比较来看，代际收入向下流动群体父代居民消费结构受代际收入弹性的影响明显低于阶层相对固定组别，但是其子代居民消费结构受代际收入弹性的影响却更突出。代际收入向下流动，通俗而言就是"子代不如父代"，在这一组别中，父代整体表现出的"利他动机"会弱于其他两个组别，自我意识更强，所以消费结构受代际因素的影响更弱一些。而代际收入向下流动时，与父代相比，子代处于更低的收入阶层，此时子代若能从父代处得到更多的代际助力，便可以明显提升收入等级，从而实现消费结构升级。

　　通常认为，消费结构会随着居民收入的提高而逐步升级，但表7-9的结果显示，三个组别中，收入水平（Y）与居民发展享受型消费支出占比之间存在显著的负向关系。对这一结果，可以从两方面进行解释：一是对消费结构升级的判定标准。受微观数据库中可使用指标的限制，本章选择用"居民发展享受型消费支出在消费总支出的占比"来判断消费结构，而实际上"消费结构升级"是一个综合性的概念，发展享受型消费和生存型消费都可以表现出"升级"，从"吃饱穿暖"到"吃好穿靓"，从"一屋蔽身"到"智能家居"，何尝不是消费结构升级？二是前面提及的居民消费方式的转变。发展享受类商品多是劳务和服务性商品，更强调消费环境和体验感，而生存型消费多以实物商品为主，网络化数字化的消费方式，会更有利于居民生存型消费的扩张。

　　接下来，进一步估算代际收入弹性对居民消费结构升级的相对重要性程度[①]，得出的结论如表7-10和表7-11所示。

────────────

　　① 同前面章节一样，采用夏普利值分解方法测算各解释变量的相对重要性（贡献度）。

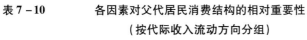

表 7 - 10　　　　各因素对父代居民消费结构的相对重要性

（按代际收入流动方向分组）

变量	代际收入向下流动		代际收入向上流动		阶层相对固定	
	贡献度（%）	排序	贡献度（%）	排序	贡献度（%）	排序
代际收入弹性	9.89	4	5.92	5	11.70	3
父代收入水平（对数值）	30.70	2	14.36	2	9.80	4
父代工资性收入比重	12.58	3	3.13	7	1.92	8
父代年龄	0.36	9	1.11	8	0.08	9
父代受教育程度	6.12	6	9.65	4	13.26	2
父代婚姻状况	1.27	7	11.21	3	3.14	6
父代健康情况	6.32	5	5.76	6	7.00	5
父代职业社会地位	0.57	8	0.82	9	1.37	7
收入差距	32.18	1	48.04	1	51.73	1

表 7 - 11　　　　各因素对子代居民消费结构的相对重要性

（按代际收入流动方向分组）

变量	代际收入向下流动		代际收入向上流动		阶层相对固定	
	贡献度（%）	排序	贡献度（%）	排序	贡献度（%）	排序
代际收入弹性	17.41	2	5.31	4	7.93	2
子代收入水平（对数值）	15.44	1	15.10	1	14.46	1
子代工资性收入比重	7.11	5	5.30	6	5.33	7
子代年龄	1.74	7	1.60	8	2.31	8
子代受教育程度	24.77	3	22.62	3	19.19	4
子代婚姻状况	0.19	10	1.59	9	0.88	10
子代健康情况	7.60	6	18.25	5	26.69	3
子代职业社会地位	1.86	8	1.52	7	5.41	6
子代性别	2.83	9	1.32	10	0.68	9
收入差距	21.04	4	27.39	2	17.10	5

从代际收入弹性对父代居民消费结构的贡献度来看，对于代际收入向下流动的群体，代际收入弹性的贡献度为9.89%，其重要性在各影响因素中排在第四位，居于收入差距、父代收入水平、工资性收入比重等因素之后。对于代际收入向上流动的群体，代际收入弹性的贡献度为5.92%，其重要性在各影响因素中排在第五位。对于阶层相对固定的群体，代际收入弹性的贡献度为11.70%，其重要性仅次于父代居民收入差距和受教育程度。结果显示，代际收入向上流动组别中代际收入弹性的贡献度最低，对于代际收入向下流动的群体而言，代际收入流动水平对父代居民消费结构的贡献度低于阶层相对固定的群体。

从代际收入弹性对子代居民消费结构的贡献度来看，代际收入向下流动、代际收入向上流动、阶层相对固定三个组别中，代际收入弹性对子代居民消费结构的贡献度分别为17.41%、5.31%、7.93%。在代际收入向下流动的组别中，代际收入流动水平对子代居民消费结构的贡献度明显高于代际收入向上流动和阶层相对固定组别。

7.4.2 从城乡的角度考察

第5章已经对我国城乡居民的代际收入流动水平进行了测算，得到的结论是，整体上我国城镇居民的代际收入流动水平低于农村居民（见表5-10）。因此，本部分依据城乡分组，首先整体测算我国农村居民和城镇居民的消费结构情况，结果如表7-12所示。

表7-12　　　　　　我国居民消费结构（按城乡分组）　　　　单位：%

项目		城镇		农村	
		父代	子代	父代	子代
各类消费支出在消费总支出占比	食品	34.69	33.72	35.24	34.60
	衣着	5.54	6.08	4.92	5.24
	家庭设备及日用品	16.90	18.01	17.25	17.83
	居住	12.89	11.93	11.38	13.28
	医疗保健	8.34	7.95	10.83	9.10

续表

项目		城镇		农村	
		父代	子代	父代	子代
各类消费支出在消费总支出占比	文教娱乐	8.14	9.08	7.01	7.11
	交通通信	9.61	9.87	10.22	9.73
	其他	3.90	3.36	3.15	3.10
发展享受型消费在消费总支出占比		29.99	30.26	31.21	29.03

整体而言,在我国居民的消费支出中,农村居民食品支出占比高于城镇居民,而城镇居民的衣着支出占比高于农村居民。同时,农村居民的医疗保健支出占比高于城镇居民,而城镇居民的文教娱乐支出占比高于农村居民。

再结合城乡分组,进一步考察各组别代际收入流动水平对父代和子代居民消费结构的影响程度,估计结果如表 7-13 所示。

表 7-13　　　代际收入弹性对居民消费结构的影响(按城乡分组)

变量	因变量:父代居民发展享受型消费支出占比(c_{d0})		变量	因变量:子代居民发展享受型消费支出占比(c_{d1})	
	城镇	农村		城镇	农村
IGE	0.028 *** (2.81)	0.020 * (1.80)	IGE	0.035 *** (3.51)	0.026 ** (2.26)
$\ln Y_0$	-0.011 *** (-3.62)	-0.008 *** (-3.05)	$\ln Y_1$	-0.008 *** (-3.10)	-0.011 *** (-3.69)
y_0	-0.006 (-0.68)	-0.009 (-0.79)	y_1	-0.010 (-1.32)	-0.017 (-1.25)
age_0	-0.000 (-0.30)	-0.000 (-0.42)	age_1	-0.001 * (-1.75)	-0.002 *** (-3.73)
edu_0	-0.003 ** (-2.37)	-0.010 *** (-7.41)	edu_1	-0.008 *** (-6.22)	-0.008 *** (-5.27)
$marry_0$	0.020 *** (2.78)	0.009 ** (2.10)	$marry_1$	-0.001 (-0.41)	0.003 (0.90)

变量	因变量：父代居民发展享受型消费支出占比（c_{d0}）		变量	因变量：子代居民发展享受型消费支出占比（c_{d1}）	
	城镇	农村		城镇	农村
$health_0$	0.002 *** (4.84)	0.002 *** (4.02)	$health_1$	0.002 *** (7.23)	0.002 *** (6.97)
$isei_0$	0.000 (1.58)	0.000 (0.42)	$isei_1$	0.000 *** (3.37)	0.000 ** (2.37)
$Gini_0$	0.147 *** (5.29)	0.220 *** (9.55)	$Gini_1$	0.002 (0.46)	0.012 *** (2.82)
			$gender_1$	0.206 *** (8.94)	0.220 *** (7.75)
_cons	0.333 *** (7.47)	0.327 *** (7.83)	_cons	0.370 *** (10.97)	0.420 *** (11.15)
N	1722	1579	N	1722	1579
$r2\_a$	0.074	0.140	$r2\_a$	0.142	0.200
F	11.928	24.750	F	29.503	47.274

注：小括号内为回归系数的 t 值，*、**、*** 分别表示 10%、5% 和 1% 的置信水平上显著。

从表 7-13 可以看出，城镇、农村两个组别中，代际收入弹性对居民发展享受型消费支出占比均有显著正向影响。具体来看，代际收入弹性每提高 0.1，城镇父代和子代居民发展享受型消费支出占比会提升 0.28% 和 0.35%，农村居民父代和子代发展享受型消费支出占比会提升 0.2% 和 0.26%。代际收入弹性对城镇居民发展享受型消费支出占比的影响明显高于农村居民。

从估计结果中还可以看出，除了代际收入弹性之外，居民收入水平、受教育程度对城乡居民消费结构有显著的负向作用，健康状况对城乡居民消费结构有显著的正向作用；职业社会地位对城乡子代居民消费结构存在显著的正向影响，年龄对城乡子代居民消费结构存在显著的负向影响；收入差距和婚姻状况对城乡父代居民消费结构存在正向作用。

根据基础回归估计结果，利用夏普利值分解估算代际收入弹性对居民消费结构的贡献度，得出了如下结果：代际收入弹性对城镇居民父代

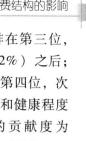

消费结构的贡献度为 12%，在各影响因素中，其重要性排在第三位，排在父代居民收入差距（38.32%）和父代收入水平（24.02%）之后；对城镇居民子代消费结构的贡献度为 15.08%，重要性排在第四位，次于子代受教育程度（25.93%）、居民收入差距（23.06%）和健康程度（17.59%）。代际收入弹性对农村居民父代消费结构的贡献度为 7.75%，其重要性排在父代居民收入差距（47.15%）、父代受教育程度（16.92%）和父代收入水平（13.62%）等因素之后；对农村居民子代消费结构的贡献度为 7.07%，重要性居于第六位。可以看出，代际收入流动对城镇居民父代和子代家庭消费结构的贡献度明显高于农村居民。

7.5　本章小结

本章主要借助"代际收入弹性"和"发展享受型消费支出在居民消费总支出的占比"两个指标，分析了代际收入流动水平对居民消费结构的影响。

首先，结合世代交叠模型，从理论的角度分析了代际收入弹性对父代家庭教育支出占比的影响，并进一步得出代际收入弹性与父代居民发展享受型消费支出占比正相关的假定；利用弹性理论，分析了代际财富转移和教育投资等代际因素对子代居民发展享受型消费支出占比的作用，分析结果显示，以上代际因素会对子代居民的消费结构升级产生积极作用。

其次，使用中国家庭追踪调查（CFPS）数据库数据测算我国居民的消费结构，并分析代际收入流动水平对子代和父代居民消费结构的影响。结果显示，2010～2018 年，我国居民发展享受型消费占消费总支出的比重约为 30%，生存型消费支出占比约为 70%；各类消费支出中，食品支出占比最高，约占居民消费总支出的 1/3；从变化趋势来看，2012～2018 年，我国居民食品支出消费占比稳步下降，发展享受型消费占比呈现"U"形变化趋势。如果将"发展享受型消费支出占比"作为消费结构升级的判断依据，那么计算数据并不能反映我国居民 2010～2018 年存在明显的消费升级，这与居民购房住房压力的存在、网络化消费方式的转变有一定关系。从代际收入流动对居民消费结构的影响来看，代际收入弹性对父代和子代发展享受型消费支出占比有显著的正向作用，我国居民代际收入弹性每上升0.1，父代居民享受型消费支出占比就会提高0.25%，子代居民享受型消费支出占比会提高0.31%。根据基础回归的估计结果，采用夏普利值分解方法估算代际收入弹性对消费结构的解释贡献程度，得出的结论为：代际收入弹性对父代居民消费结构的贡献率为9.86%，对子代居民消费结构的贡献率为10.23%，代际因素对居民的消费结构会产生重要作用，实现居民消费的提质升级，可以从代际视角寻找突破口。

最后，从代际收入流动方向和城乡两个角度进一步讨论代际收入流动水平对居民消费结构影响的差异性。从代际收入流动方向的角度来看，代际收入向下流动群体父代居民消费结构受代际收入弹性的影响明显低于阶层相对固定组别，但是其子代居民消费结构受代际收入弹性的影响却高于代际收入向上流动和阶层相对固定两个组别。夏普利值分解结果显示，代际收入向下流动的组别中，代际收入弹性对父代居民消费结构的贡献度为9.89%，明显低于阶层相对固定的群体的11.70%，在该组别中，代际收入流动水平对子代居民消费结构的贡献程度为17.41%，明显高于代际收入向上流动和阶层相对固定组别。从城乡的角度来看，代际收入弹性对城镇居民发展享受型消费支出占比的影响高于农村居民，对城镇居民消费结构的贡献度也明显高于农村居民。

第8章

主要结论及政策建议

8.1 主要研究结论

消费对经济发展具有基础性作用，是扩大内需、促进经济高质量发展的关键，也是人民日益增长的美好生活需要得以满足的具体体现。激活居民消费潜力、实现消费的提质升级，对于提升我国国民经济整体效能，打造以国内大循环为主的新发展格局，有着重要的作用和意义。但就现状来看，我国居民的消费潜力释放并不充分，消费率水平常年偏低，这将制约我国经济结构的调整和国民经济的循环发展。探究我国居民消费相对不足的原因，与收入水平、收入结构有关，与传统文化有关，也与消费方式、消费理念有关，但除此之外，还与收入水平提高后，人们的代际经济联系加强有关。收入水平的提升，人均生存寿命的延长，使人们有能力也有时间去关注子孙后代，将子代甚至孙代的福利水平纳入个人的总效用考察，而这种变化趋势必然会对经济个体的消费决策带来影响。探讨代际收入流动通过哪些途径对居民消费产生影响，其影响程度和贡献度究竟有多大，能否从代际收入流动的视角进一步丰富拓展消费理论，便是本书写作的初衷。

通过比较分析我国的居民消费和代际收入流动现状，结合世代交叠模型、弹性理论和预算线——无差异曲线工具，从"代际收入流动与消费差距""代际收入流动与消费倾向""代际收入流动与消费结构"三个方面，系统梳理代际收入流动影响居民消费的传导路径，并利用中国家庭追踪调查（CFPS）数据库数据，估计代际收入流动对我国居民消费差距、消费倾向、消费结构的影响程度及贡献度，尝试从代际收入流动的角度探索激发消费活力、实现消费升级的方法，为完善促进消费的体制机制提供思路和参考。

总览全书，得出如下主要结论：

第一，我国的居民消费支出近 20 年均保持较快增速，人民生活水平和社会民生不断改善。但通过国别比较也能够发现，我国居民消费中存在人均消费支出水平偏低、居民储蓄率过高、消费结构有待进一步优化等问题。只有认识到这些问题并且找到导致问题产生的根源，才能充分发挥消费在经济发展中的基础性作用。使用代际收入弹性、代际收入秩关联系数、惯性率、亚惯性率和平均阶差等多种指标对我国居民的代际收入流动水平进行估算，估计结果均显示我国居民收入存在明显的代际关联，关联程度在 0.25 ~ 0.4 之间，而且，2010 ~ 2018 年，我国居民的代际收入流动水平虽有小的起伏，但总体呈上升的趋势。

第二，提高代际收入流动水平对缩小居民消费差距有积极作用。使用 CFPS 数据计算出我国居民在 2010 ~ 2018 年的基尼系数为 0.4271，超过 0.4 的国际警戒线，说明我国存在收入分配差距过大的问题。而收入和消费之间存在着直接关联，收入分配差距过大，必然会带来较大的消费差距。实证结果显示，代际收入弹性对居民的基尼系数有显著正向作用，这一结果也可以解读为，提高居民代际收入流动水平有助于缩小我国居民的消费差距。夏普利值分解结果显示，对于居民收入差距的形成，代际因素的贡献约占 27.5%，这同样说明代际因素是导致居民消费差距的重要原因。另外，代际收入水平对居民消费差距的影响存在显著的差异性，从代际收入流动方向来看，提高居民代际收入流动水平，对缩小阶层相对固定群体的收入差距和消费差距存在更明显的作用；从城乡的角度看，代际收入流动水平对城镇居民收入差距和消费差距的缩小作用高于农村居民。

第三，代际收入流动对父代和子代居民边际消费倾向的作用存在明显差异。2010 ~ 2018 年，我国父代家庭的边际消费倾向约为 30%，子代边际消费倾向约为 33%。提高代际收入流动水平，会降低父代居民的边际消费倾向，但却会提高子代居民的边际消费倾向，而且代际收入弹性对于子代边际消费倾向的贡献度明显高于对父代边际消费倾向的贡献度。代际收入流动水平对居民消费倾向的影响也存在显著的差异性，从代际收入流动方向来看，提高居民代际收入流动水平，对代际收入向上流动群体的消费倾向会产生更强的作用；从城乡的角度看，代际收入弹性对城镇居民边际消费倾向的影响程度明显大于农村居民。

第四，提高代际收入流动水平会对居民消费升级产生抑制作用。我国居民消费总支出中，发展享受型消费支出占比为 30% ~ 40%，且这一比值在 2010 ~ 2018 年并未随居民收入水平的提高表现出明显的上升趋势，这与居民购房住房压力的存在、网络化消费方式的转变以及代际收入流动水平的变化等原因不无关系。代际收入流动水平对父代和子代发展享受型消费支出占比均有显著的负向作用，且对子代消费结构的影响程度更大。实现居民消费的提质升级，可以从代际视角寻找突破口。代际收入水平对居民消费结构的影响同样存在明显的差异性，从代际收入流动方向来看，代际收入弹性对向下流动组别父代居民消费结构的影响低于阶层相对固定组别，但对其子代居民消费结构的影响却高于代际收入向上流动和阶层相对固定组别；从城乡的角度看，代际收入弹性对城镇居民发展享受型消费支出占比的影响程度和贡献度均明显高于农村居民。

综上所述，代际收入流动对我国居民的消费差距、消费倾向和消费结构均有明显影响。提高代际收入流动水平，有助于缩小居民消费差距，提高子代居民的消费倾向，但代际收入流动水平的提高会降低父代居民的消费倾向，并对居民消费升级产生抑制作用。除了收入水平之外，消费差距、消费倾向和消费结构也是影响居民消费决策的直接因素，由此便得出代际收入流动对居民消费的三个作用路径。系统梳理代际收入流动影响消费的传导路径，不仅可以进一步丰富完善现代消费理论，也可以从代际视角入手，探索激发消费活力、实现消费升级的渠道，不断完善促进消费的体制机制建设，打通消费堵点，加快形成以国内大循环为主、国内国际双循环的新发展格局。

8.2 政策建议

从代际收入流动的视角探索提振消费的政策思路，并不是单纯地考虑提高或是降低代际收入流动水平，而是从其形成方式入手，结合代际收入流动影响消费的传导路径和效应，找寻具体的突破点。依据前面的研究结论，提出如下政策建议：

第一，构建开放的教育体系，减轻教育的机会不平等对代际收入流动的束缚。教育对人力资本形成和人口素质提升有着十分重要的意义，是经济发展不可或缺的力量，教育支出理应对家庭消费规模和消费结构产生促进作用。但我国居民代际收入流动水平的提升并没有促进居民消费结构的升级，这背后也不乏教育负担给居民消费带来的不确定性预期的原因。我国居民家庭教育支出中大部分都是父代对子女的教育投入，所以家庭教育支出会通过人力资本和社会关系的渠道去影响社会的代际收入流动水平。尽管我国目前的义务教育在学校层面没有任何费用收取，但内卷现象带来的越来越多非学科类培训和非义务教育阶段学习投入，对于很多家庭来说都算得上是一种"枷锁"。锁住了父代的消费欲望，也锁住了低收入家庭子代实现代际跨越的可能。因此，从降低教育成本的角度出发，我们可以充分利用互联网平台和数字信息技术，结合受众的特点，从基础教育、高等教育、职业教育等不同层面引导优质教育资源的免费供应，提高教育的公共物品属性，构建开放的教育体系。利用互联网与数字信息技术，提高教育的公共物品属性，不仅可以扩大优质教育资源的覆盖面，缩小地区间、城乡间教育供给水平的差距，还可以减轻农村居民和中低收入群体的教育支出负担，缓解教育支出对家庭其他消费的挤出效应，有助于激发居民的消费活力，促进消费提质升级。

第二，完善税收体系，缩小财富存量导致的收入差距代际传递。《论语》有云，"有国有家者，不患寡而患不均"，过大的收入差距以及由此导致的消费差距对居民消费水平和消费结构的提升会存有负面影响，而居民收入差距的形成和扩大，其中有很大一部分是由代际财富转移导致的。这种代际财富转移，导致收入差距代际传递的同时，也会降低社会的代际收入流动水平。完善相关的税收制度，提高代际收入流动性，有助于改善收入分配不平等，整体提升居民的消费水平。具体而言，可以从以下两方面入手：一是建立遗产税、赠予税制度。遗产税和赠予税的设立，可以有效降低财富代际转移规模，缩小财富存量导致的收入差距代际传递，同时也可以拓宽地方财政收入渠道，增强国民收入再分配对居民收入差距的调节能力；二是以"税收激励"推进国民收入三次分配。以道德力量为约束的国民收入三次分配，是对我国当前收入分配制度的完善补充。推进"三次分配"，对于减少财富的代际转移，缩小居民收入差距，同样有着积极的意义。在"三次分配"推进初期，辅以税收激励，用所得税、财产税等税收的减免或抵扣等方式，提高民众对三次分配的认知和接纳，可以更好发挥"三次分配"对收入差距的调节作用。

第三，健全全民社会保障机制，减轻居民的代际扶持压力。社会保障机制不健全，本身就会提高居民的预防性储蓄动机，除此之外，还会加大居民对父辈甚至祖辈基于赡养责任产生的财富转移。虽说"养儿防老"，对父母给予照顾赡养是为人子女应尽的义务，但 20 世纪 70 年代开始实施的计划生育政策，导致如今作为中流砥柱的"70 后""80 后""90 后"在"下有小"的同时，担负了更大的"上有老"压力，明显限制了其消费潜力的释放。尽管计划生育政策已经调整，但公众的生育意愿却持续低迷，老龄化问题在很长一段时间都会存在。只有健全社会保障机制，才能减轻居民承受的代际扶持压力。健全社会保障机制，应充分发挥政府和市场的作用：（1）通过市场建立多元投入机制，不断提升医疗、养老等服务供给数量和供给质量；（2）依靠政府力量消除户籍因素对医疗、养老保险受众的限制，扩大基本医疗、养老保险的覆盖面；（3）鼓励并支持社会保障服务向社区、村落等社会末梢延伸；（4）通过调节财政支出比例，逐步消除社会保障供应的城乡差异和地区差异。

总之，为了激活我国居民消费潜力、促进居民消费升级，可以从代际收入流动的视角进行尝试和探索。构建开放的教育体系，提升教育的公共物品属性，减轻居民的子女教育支出负担，释放民众消费意愿，同时，缩小由教育供给的地区差异、城乡差异导致的居民收入差距。完善税收体系，提高代际收入流动水平，通过设立遗产税、赠予税来降低财富代际转移规模，缩小财富存量导致的收入差距代际传递，并通过"税收激励"更好发挥"三次分配"对收入差距的调节作用。健全全民社会保障机制，减轻居民的代际扶持压力，充分发挥政府和市场的作用，提升医疗、养老等服务供给数量和供给质量的同时，扩大基本医疗、养老保险的覆盖面，以削弱代际扶持压力对居民消费产生抑制作用。

8.3　不足之处

本书采用代际收入弹性、代际收入秩关联系数等指标衡量我国居民的代际收入流动水平，这些指标主要考察的是子代收入对父代收入的依赖程度，也就是说，本书分析的代际收入流动，是依托父代对子代的援助而产生的。可实际上，在父代对子代产生代际影响的同时，子代也可以通过赡养等途径对父代产生代际作用，从而影响父代的消费结构、消费倾向和收入差距。尽管本书第6章在构建三期OLG模型时，对"父代对个体的财富转移"进行了广义的界定①，但是并无法改变"代际收入弹性"等指标本身的单向性。未能充分考虑父代与子代间代际影响的双向性，是本书的一个不足之处。

尽管书中采用了代际收入弹性、代际收入秩关联系数等多种指标，但受到数据可得性和分析方法的限制，仍无法准确测度我国居民的代际收入流动水平。同样，在进行实证检验和效应分析时，本书选择用"基尼系数"指标反映居民的收入差距，用"发展享受型消费支出在总消费支出的占比"来判断居民的消费结构，这些指标的选取均存在一定的片面性，无法充分反映我国居民的收入差距和消费结构状况，而且，指标选取的不同也可能导致分析结果出现较大差异。指标选取存在一定片面性，是本书的另一个不足之处。

---

① 模型中用"$B_{3,t-1}$"表示"父代对子代个体的财富转移"，并指出，$B_{3,t-1} > 0$ 时，表示父代对子代个体存在财富转移，$B_{3,t-1} < 0$ 时，表示子代个体对父代有财富转移。

8.4　研究展望

代际收入流动对消费产生作用的路径其实是比较复杂的，可以从宏观、微观、长期、短期等不同层面展开讨论。鉴于笔者个人研究能力有限，加之数据获取过程存在的各种不尽如人意，本书仅从消费差距、消费倾向和消费结构三个路径着手分析。未来还可以从数字化消费、个性化消费等消费新模式入手，讨论代际收入流动对居民消费的影响；也可以从长期和短期的角度比较代际收入流动对居民消费作用效果的异同。

"未能充分考虑代际影响的双向性"是本书存在的一个不足之处，鉴于此，今后可以尝试设计或者选择更能体现"双向性"特点的代际收入流动衡量指标，不断丰富完善代际收入流动的研究框架。另外，本书尝试梳理代际收入流动影响消费的作用路径，不仅可以用于分析认识我国居民消费现状，为激发居民消费积极性、优化消费升级路径探索更多可行性方案，若从年龄或者地区的角度进一步展开讨论，也可以为我国应对日渐突出的老龄化问题、缩小地区贫富差距、实现全体人民共同富裕，提供有价值的参考建议。

参考文献

［1］陈斌开：《收入分配与中国居民消费——理论和基于中国的实证研究》，载于《南开经济研究》2012 年第 1 期。

［2］陈斌开、杨汝岱：《土地供给、住房价格与中国城镇居民储蓄》，载于《经济研究》2013 年第 1 期。

［3］陈东、黄旭锋：《机会不平等在多大程度上影响了收入不平等？——基于代际转移的视角》，载于《经济评论》2015 年第 1 期。

［4］陈杰：《中国农村代际收入流动性与收入差距：识别与机制研究》，中国财政经济出版社 2018 年版。

［5］陈琳：《中国城镇代际收入弹性研究：测量误差的纠正和收入影响的识别》，载于《经济学（季刊）》2015 年第 10 期。

［6］陈琳：《中国代际收入流动性的实证研究：经济机制与公共政策》，复旦大学出版社 2016 年版。

［7］陈钊、陆铭、佐藤宏：《谁进入了高收入行业——关系、户籍与生产率的作用》，载于《经济研究》2009 年第 10 期。

［8］储成兵、李平：《基于非正式制度视角下的三期代际交叠模型》，载于《中央财经大学学报》2014 年第 2 期。

［9］［美］戴维·罗默：《高级宏观经济学》，吴化斌、龚关译，上海财经大学出版社 2018 年版

［10］邸俊鹏、袁燕、张馨月：《教育程度、消费倾向与消费结构——基于分位数回归的实证分析》，载于《上海经济研究》2019 年第 2 期。

［11］董长瑞、王晓：《我国居民收入流动及其收入分配效应研究》，经济科学出版社 2017 年版。

［12］方福前：《中国居民消费需求不足原因研究——基于中国城乡分省数据》，载于《中国社会科学》2009 年第 2 期。

[13] 方福前、张艳丽:《城乡居民不同收入的边际消费倾向及变动趋势分析》,载于《财贸经济》2011年第4期。

[14] 方鸣:《代际收入流动性与收入不平等——基于面板数据联立方程模型的分析》,载于《经济研究导刊》2014年第29期。

[15] 方鸣、应瑞瑶:《中国城乡居民的代际收入流动及分解》,载于《中国人口·资源与环境》2010年第5期。

[16] 甘犁、赵乃宝、孙永智:《收入不平等、流动性约束与中国家庭储蓄率》,载于《经济研究》2018年第12期。

[17] 高帆:《劳动者报酬占比、城乡收入分配与中国居民消费率——基于省际面板数据的实证研究》,载于《学术月刊》2014年第11期。

[18] 郭丛斌、丁小浩:《中国劳动力市场分割中的行业代际效应及教育的作用》,载于《教育研究》2005年第1期。

[19] 郭丛斌、闵维方:《中国城镇居民教育与收入代际流动的关系研究》,载于《教育研究》2007年第5期。

[20] 郭建军、王磊、苏应生:《样本选择性偏误、TS2SLS估计与我国代际收入流动性水平》,载于《统计研究》2015年第10期。

[21] 杭斌:《城镇居民的平均消费倾向为何持续下降——基于消费习惯形成的实证分析》,载于《数量经济技术经济研究》2010年第6期。

[22] 杭斌、申春兰:《经济转型期中国城镇居民消费敏感度的变参数分析》,载于《数量经济技术经济研究》2004年第9期。

[23] 何强、董志勇:《国民储蓄率的决定机制:基于幸福经济学的考察》,载于《统计研究》2016年第12期。

[24] 何石军、黄桂田:《中国社会的代际收入流动性趋势:2000~2009》,载于《金融研究》2013年第2期。

[25] 贺菊煌:《个人生命分为三期的世代交叠模型》,载于《数量经济技术经济研究》2002年第4期。

[26] 侯小伏:《山东省扩大内需提升消费的社会支持条件》,载于《山东社会科学》2010年第11期。

[27] 胡咏梅、李佳丽:《父母的政治资本对大学毕业生收入有影响吗?》,载于《教育与经济》2014年第1期。

［28］黄少安、孙涛：《非正规制度、消费模式和代际交叠模型》，载于《经济研究》2005 年第 4 期。

［29］黄娅娜、宗庆庆：《中国城镇居民的消费习惯形成效应》，载于《经济研究》2014 年第 1 期。

［30］纪园园、宁磊：《相对收入假说下的收入差距对消费影响的研究》，载于《数量经济技术经济研究》2018 年第 4 期。

［31］纪园园、宁磊：《中国家庭消费：抑制根源与刺激政策选择》，载于《上海经济研究》2020 年第 8 期。

［32］江剑平、朱雪纯、葛晨晓：《劳动收入差距对居民消费率的影响研究》，载于《消费经济》2020 年第 1 期。

［33］解雨巷、解垩：《教育流动、职业流动与阶层代际传递》，载于《中国人口科学》2019 年第 2 期。

［34］金晓彤、杨晓东：《中国城镇居民消费行为变异的四个假说及其理论分析》，载于《管理世界》2004 年第 11 期。

［35］［英］凯恩斯：《就业、利息和货币通论》，宋韵声译，华夏出版社 2005 年版。

［36］雷钦礼：《财富积累、习惯、偏好改变、不确定性与家庭消费决策》，载于《经济学（季刊）》2009 年第 3 期。

［37］李超：《中国居民收入差距与代际收入转移研究》，经济科学出版社 2019 年版。

［38］李江河、孔祥利、石珊珊：《消费习惯形成视角下中国城乡居民预防性储蓄行为对比分析》，载于《西安财经学院学报》2018 年第 4 期。

［39］李江一：《“房奴效应”导致居民消费低迷了吗?》，载于《经济学（季刊）》2018 年第 1 期。

［40］李江一、李涵：《城乡收入差距与居民消费结构：基于相对收入理论的视角》，载于《数量经济技术经济研究》2016 年第 8 期。

［41］李任玉、杜在超、龚强、何勤英：《经济增长、结构优化与中国代际收入流动》，载于《经济学（季刊）》2018 年第 4 期。

［42］李宜航：《中国贸易开放与代际间收入流动影响分析》，载于《世界经济研究》2019 年第 10 期。

［43］刘琳、赵建梅：《社会网络如何影响代际收入流动?》，载于

《财经研究》2020 年第 08 期。

[44] 刘庆彬、郝胜龙：《利用世代交叠模型对赡养经济中养老不确定性问题的理论研究》，载于《统计研究》2011 年第 10 期。

[45] 刘松涛、梁颖欣、罗炜琳：《基于 QUAIDS 模型的农村居民家庭消费结构研究》，载于《湖南农业大学学报（社会科学版）》2021 年第 3 期。

[46] 刘文、沈丽杰：《我国代际收入弹性的测度研究》，载于《南方人口》2018 年第 2 期。

[47] 刘悦、陈雅坤、李兵：《收入不平等对消费升级的影响——基于奢侈品消费的跨国分析》，载于《经济科学》2019 年第 6 期。

[48] 龙斧、梁晓青：《代际消费不平等：阶层化视角下子女教育支出对家庭消费的挤出效应》，载于《南方人口》2019 年第 4 期。

[49] 龙志和、周浩明：《中国城镇居民预防性储蓄实证研究》，载于《经济研究》2000 年第 11 期。

[50] 吕康银：《收入差距代际传递机制及其变动趋势研究》，科学出版社 2020 年版。

[51] [德] 马克思：《资本论（第 1 卷）》，中共中央马克思恩格斯列宁斯大林著作编译局译，人民出版社 2004 年版。

[52] 宋旭光、何宗樾：《义务教育财政支出对代际收入流动性的影响》，载于《财政研究》2018 年第 2 期。

[53] 孙三百、黄薇、洪俊杰：《劳动力自由迁徙为何如此重要？——基于代际收入流动性的视角》，载于《经济研究》2012 年第 5 期。

[54] 万广华、张茵、牛建高：《流动性约束、不确定性与中国居民消费》，载于《经济研究》2001 年第 11 期。

[55] 汪伟、艾春荣：《人口老龄化与中国储蓄率的动态演化》，载于《管理世界》2015 年第 6 期。

[56] 汪伟、郭新强、艾春荣：《融资约束、劳动收入份额下降与中国低消费》，载于《经济研究》2013 年第 11 期。

[57] 王保花、鹿方圆：《我国农村居民消费行为特征及影响因素研究》，载于《理论与改革》2016 年第 1 期。

[58] 王海港：《中国居民收入分配的代际流动》，载于《经济科

学》2005 年第 2 期。

[59] 王美今、李仲达：《中国居民收入代际流动性测度——"二代"现象经济分析》，载于《中山大学学报（社会科学版）》2012 年第 1 期。

[60] 王青：《居民消费变动及其影响因素的计量分析》，经济科学出版社 2017 年版。

[61] 王伟同、谢佳松、张玲：《中国区域与阶层代际流动水平测度及其影响因素研究》，载于《数量经济技术经济研究》2019 年第 1 期。

[62] 王勇、周涵：《人口老龄化对城镇家庭消费水平影响研究》，载于《上海经济研究》2019 年第 5 期。

[63] 吴强、王力、罗丽文：《收入分层视角下民生财政支出影响居民消费的差异性分析》，载于《宏观经济研究》2019 年第 7 期。

[64] 徐俊武、张月：《子代受教育程度是如何代际收入流动性的——基于中国家庭收入调查的经验分析》，载于《上海经济研究》2015 年第 10 期。

[65] 许志、刘文翰、徐舒：《代际收入流动与居民储蓄行为：中国居民家庭高储蓄率的另一种解释》，载于《现代财经（天津财经大学学报）》2021 年第 1 期。

[66] ［英］亚当·斯密：《国富论》，文竹译，中国华侨出版社 2013 年版。

[67] 阳义南、连玉君：《中国社会代际流动性的动态解析——CGSS 和 CLDS 混合截面数据的经验证据》，载于《管理世界》2015 年第 4 期。

[68] 杨沫、王岩：《中国居民代际收入流动性的变化趋势及影响机制研究》，载于《管理世界》2020 年第 3 期。

[69] 杨汝岱、陈斌开：《高等教育改革、预防性储蓄与居民消费行为》，载于《经济研究》2009 年第 8 期。

[70] 杨汝岱、刘伟：《市场化与中国代际收入流动》，载于《湘潭大学学报（哲学社会科学版）》2019 年第 1 期。

[71] 杨汝岱、朱诗娥：《公平与效率不可兼得吗？——基于居民边际消费倾向的研究》，载于《经济研究》2007 年第 12 期。

[72] 杨旭、郝翌、于戴圣：《收入差异对总体消费的影响——一

个数值模拟研究》，载于《数量经济技术经济研究》2014 年第 3 期。

［73］杨亚平、施正政：《中国代际收入传递的因果机制研究》，载于《上海经济研究》2016 年第 3 期。

［74］杨真、张倩：《教育期望视角下的子女教育与家庭消费——基于反事实框架下的因果推断》，载于《经济问题》2019 年第 7 期。

［75］姚健、臧旭恒：《普惠金融、流动性约束与家庭消费》，载于《财经理论与实践》2021 年第 4 期。

［76］叶海云：《试论流动性约束、短视行为与我国消费需求疲软的关系》，载于《经济研究》2000 年第 11 期。

［77］叶德珠、连玉君、黄有光、李东辉：《消费文化、认知偏差与消费行为偏差》，载于《经济研究》2012 年第 2 期。

［78］易行健、朱力维、杨碧云：《城乡居民不同来源收入对其消费行为的影响——基于 2002～2013 年省级面板数据的实证检验》，载于《产业经济评论》2018 年第 9 期。

［79］余永定、李军：《中国居民消费函数的理论与验证》，载于《中国社会科学》2000 年第 1 期。

［80］袁冬梅、李春风、刘建江：《城镇居民预防性储蓄动机的异质性及强度研究》，载于《管理科学学报》2014 年第 7 期。

［81］袁媛、綦建红：《嵌入全球价值链对企业劳动收入份额的影响研究——基于前向生产链长度的测算》，载于《产业经济研究》2019 年第 5 期。

［82］臧旭恒、陈浩：《习惯形成、收入阶层异质性与我国城镇居民消费行为研究》，载于《经济理论与经济管理》2019 年第 5 期。

［83］臧旭恒、张继海：《收入分配对中国城镇居民消费需求影响的实证分析》，载于《经济理论与经济管理》2005 年第 6 期。

［84］臧旭恒、张欣：《中国家庭资产配置与异质性消费者行为分析》，载于《经济研究》2018 年第 3 期。

［85］张安全、凌晨：《习惯形成下中国城乡居民预防性储蓄研究》，载于《统计研究》2015 年第 2 期。

［86］张冀、张彦泽：《曹杨．优化家庭收入结构能促进消费升级吗?》，载于《经济与管理研究》2021 年第 7 期。

［87］张明、张学敏、涂先进：《高等教育能打破社会阶层固化

吗？——基于有序 Probit 半参数估计及夏普利值分解的实证分析》，载于《财经研究》2016 年第 8 期。

[88] 张秋惠、刘金星：《中国农村居民收入结构对其消费支出行为的影响——基于 1997~2007 年的面板数据分析》，载于《中国农村经济》2010 年第 4 期。

[89] 张少军、方玉文、鄢甜：《全球价值链对中国居民消费率的影响研究》，载于《贵州财经大学学报》2022 年第 1 期。

[90] 张学敏、田曼：《受教育程度对城镇居民消费技能的影响研究》，载于《消费经济》2009 年第 3 期。

[91] 赵吉林：《当前提高"扩大居民消费需求"成效的几个问题》，载于《经济学动态》2009 年第 1 期。

[92] 赵伟、王丽强：《新时期的城乡收入差距抑制了消费吗——基于省级面板数据的城乡消费率差异分析》，载于《消费经济》2015 年第 6 期。

[93] 赵昕东、王昊、刘婷：《人口老龄化、养老保险与居民储蓄率》，载于《中国软科学》2017 年第 8 期。

[94] 周兴、张鹏：《代际间的收入流动及其对居民收入差距的影响》，载于《中国人口科学》2013 年第 5 期。

[95] 祝伟、夏瑜擎：《中国居民家庭消费性负债行为研究》，载于《财经研究》2018 年第 4 期。

[96] Arawatari R T. Ono. Inequality, Mobility and Redistributive Politics. *Journal of Economic Theory*, Vol. 148, No. 1, 2013, pp. 353 – 375.

[97] Atkinson A B, Bourguignon F, Morrisson C. *Empirical Studies of Earnings Mobility*. London: Harwood Academic Publishers, 1992.

[98] Aziz M J, Cui L. *Explaining China's Low Consumption: The Neglected Role of Household Income*. International Monetary Fund, 2007.

[99] Banerjee A, Newman A. Risk-bearing and the Theory of Income Distribution. *Review of Economic Studies*, No. 58, 1991, pp. 211 – 235.

[100] Becker G S, Tomes, N. An Equilibrium Theory of the Distribution of Income and Intergenerational Mobility. *The Journal of Political Economy*, Vol. 87, No. 6, 1979, pp. 1153 – 1189.

[101] Becker G S. A Theory of Social Interactions. *The Journal of Polit-*

ical Economy, No. 6, 1974, pp. 1063 – 1093.

[102] Blanden J, Gregg P, Macmillan L. Accounting for Intergenerational Income Persis-tence: Noncognitive Skills, Ability and Education. *The Economic Journal*, Vol. 117, No. 519, 2007, pp. 43 – 50.

[103] Buiter W, Carmichael J. Government Debt: Comment. *American Economic Review*, No. 4, 1984, pp. 762 – 765.

[104] Carroll D, Hall R E, Zeldes S P. The Buffer – Stock Theory of Saving: Some Macroeconomic Evidence. *Brookings Papers on Economic Activity*, No. 2, 1992, pp. 61 – 56.

[105] Choukhmane T, Nicolas C, Keyu J. The One – Child Policy and Household Savings. CBER Working Paper, No. DP9688, 2013.

[106] Corak M. Income Inequality, Equality of Opportunity, and Intergenerational Mobility. *Journal of Economic Perspectives*, Vol. 27, No. 3, 2013, pp. 79 – 102.

[107] Dahl M W, Deleire T. *The Association Between Children's Earning and Fathers' Lifetime Earnings: Estimates Using Administrative Data.* University of Wisconsin – Madison, Institute for Research on Poverty, 2008.

[108] Deaton A. *Understanding Consumption.* Oxford: Oxford University Press, 1992.

[109] Diamond P A. National Debt in a Neoclassical Growth Model. *The American Econimic Review*, Vol. 55, No. 5, 1965, pp. 1126 – 1150.

[110] Dusesenberry J S. *Income, Savings, and the Theory of Consumer Behavior.* Oxford: Oxford University Press, 1967.

[111] Dynan K E. Habit Formation in Consumer Pewferences: Evidence From Panel Data. *American Economic Review*, Vol. 90, No. 3, 2000, pp. 391 – 406.

[112] Friedman M. *A Theory of the Consumption Function: A Study by the National Bureau of Economic Research.* Princeton: Princeton University Press, 1956.

[113] Galor O, Ziem J. Income Distribution and Macroeconomics. *Review of Economic Studies*, No. 60, 1993, pp. 35 – 52.

[114] Grariglia A, Rossi M. Consumption, Habit Formation, and Pre-

cautionary Saving: Evidence from the British Household Panel Survey. *Oxford Economic Papers*, Vol. 54, No. 1, 2002, pp. 1 – 19.

[115] Green R D, Hassan Z A, Johnson, S. R. Testing for Habit Formation, Autocorrelation and Theoretical Restrictions in Linear Expenditure Systems. *Southern Economic Journal*, Vol. 47, No. 2, 1980, pp. 433 – 443.

[116] Guido N. Intergenerational Mobility and the Rise and Fall of Inequality: Lesson from Latin America. Working Paper, *School of Business & Economics, Freie University Berlin*, 2016.

[117] Haider S, Solon G. Life-cycle Variation in the Association Between Current and Lifetime Earnings. *American Economic Review*, Vol. 96, No. 4, 2006, pp. 1308 – 1320.

[118] Hall R E. Stochastic Implications of the Life Cycle – Permanent Income Hypothesis: Theory and Evidence. *Journal of Political Economy*, Vol. 86, No. 6, 1978, pp. 971 – 987.

[119] Ichino A, Karabarbounis L, Moretti E. The Political Economy of Intergenerational Income Mobility. *Economic Inquiry*, Vol. 49, No. 1, 2011, pp. 47 – 69.

[120] Kamhon K, I – Hsin L, Ruei – Hua W. Intergenerational Income Mobility in Taiwan: Evidence from TS2SLS and Structural Quantile Regression. *The B. E. Journal of Economic Analysis & Policy*, Vol. 15, No. 1, 2014, pp. 257 – 284.

[121] Kenneth S Chan, Vinh Q T. Dang, Li T, Jacky Y C So. Underconsumption, trade surplus, and income inequality in China. *International Review of Economics & Finance*, No. 43, 2016, pp. 241 – 256.

[122] Kindleberger C R. Development of Economy. *Journal of Economic Literature*, No. 4, 1986, pp. 135 – 148.

[123] Kuijs L. *Investment and Saving in China*. The World Bank, 2005.

[124] Lambert P. *The Distribution and Redistribution of Income*. Mancheater: Mancheater University Press, 1993.

[125] Lefranc A, Alain T. Intergenerational Earnings Mobility in France More Mobile Than the US? *Annales d' Economie et de Statistique*,

No. 78, 2005, pp. 57 – 77.

[126] Leland H E. Saving and Uncertainty: The Precautionary Demond for Saving. *The Quarterly Journal of Economics*, Vol. 82, No. 3, 1968, pp. 465 – 473.

[127] Li R, Li Q H, Huang S A, Zhu X. The credit rationing of Chinese rural households and its welfare loss: An investigation based on panel data. *China Economic Review*, No. 26, 2013, pp. 17 – 27.

[128] Maoz Y, Moav O. Intergenerational Mobility and the Process of Development. *The Economic Journal*, No. 109, 1999, pp. 677 – 697.

[129] Mazumder B. Fortunate Sons: New Estimates of Intergenerational Mobility in the U. S. Using Social Security Earnings Data. *Review of Economics and Statistics*, Vol. 87, No. 2, 2005, pp. 235 – 255.

[130] Modigliani F, Brumberg R. Utility Analysis and the Consumption Function: An Interpretation of Cross – Section Data. *Post Keynesian Economics*, No. 6, 1954, pp. 388 – 436.

[131] Naik N Y, Moore M J. Habit Formation and Interemporal Substitution in Individual Food Consumption. *The Review of Economics and Statistics*, Vol. 78, No. 2, 1996, pp. 312 – 328.

[132] Nakamura T, Murayama Y. Education Cost, Intergenerational Mobility, and Income Inequality. *Economics Letters*, No. 112, 2011, pp. 266 – 269.

[133] Nee V. A Theory of Market Transition: From Redistribution to Market in State Socialism. *American Sociological Review*, Vol. 54, No. 5, 1989, pp. 663 – 681.

[134] Piraino P. Intergenerational Earnings Mobility and Equality of Opportunity in South Africa. *World Development*, No. 67, 2015, pp. 396 – 405.

[135] Solon G. ‘*A Model of Intergenerational Mobility Variation Over Time and Place*’ in: Corak M. *Generational Income Mobility in North America and Europe*. Cambridge: Cambridge University Press, 2004.

[136] Solon G. Intergenerational Income Mobility in the United States. *The American Economic Review*, Vol. 82, No. 3, 1992, pp. 393 – 408.

［137］ Wan G. Accounting for Income Inequality in Rural China: A Regression-based Approach. *Journal of Comparative Economics*, Vol. 32, No. 2, 2004, pp. 348 – 363.

［138］ Yao R, Wang F, Weagley R O. Household Saving Motives: Comparing American and Chinese Consumers. *Family and Consumer Sciences Research Journal*, Vol. 40, No. 1, 2011, pp. 28 – 44.

［139］ Zeldes S P. Consumption and Liquidity Constraints: An Empirical Investigation. *The Journal of Political Economy*, Vol. 97, No. 2, 1989, pp. 305 – 346.

［140］ Zimmerman D J. Regression toward Mediocrity in Economic Stature. *American Economic Review*, Vol. 82, No. 3, 1992, pp. 409 – 429.